Bernhard Suphan

Zwei Kaiserreden:

Festschrift zu Eduard Simsons 50 jährigem Jubiläum

Bernhard Suphan

Zwei Kaiserreden:
Festschrift zu Eduard Simsons 50 jährigem Jubiläum

ISBN/EAN: 9783743327818

Hergestellt in Europa, USA, Kanada, Australien, Japan

Cover: Foto ©ninafisch / pixelio.de

Manufactured and distributed by brebook publishing software (www.brebook.com)

Bernhard Suphan

Zwei Kaiserreden:

Zwei Kaiserreden.

Festschrift

zu

Eduard Simsons 50 jährigem Doctor-Jubiläum

1. Mai 1879

mit einem zwiefachen literarhistorischen Anhange

veröffentlicht

von

Bernhard Suphan.

Berlin,
Weidmannsche Buchhandlung.
1879.

„Dies kleine Buch gehört, so klein es ist, zur Hälfte dir."
Der Kenner Goethe's wird mir das Citat in dieser Form gönnen,
und der Jurist den Usus gestatten, denn ich gebrauche das Wort
in seiner eigentlichen Bedeutung.

Mich ganz zu geben auch mit dem Wenigen, was ich glück-
wünschend Ihnen an einem freuden- und ehrenreichen Tage zu
bieten vermag, das war mein Vorsatz, und so versuchte ich, was
mir zwischen den jungen Bäumen, die ich im Schulgarten pflege,
erwachsen war, zu einem Kranze zu winden, und hineinzu-
flechten, was ich unter vergilbten Blättern jüngst gefunden hatte.
Strebt es ja draußen auch allenthalben unter falbem, dürrem
Laube aufwärts zum Sonnenlichte.

Mich ganz zu geben. Denn wenn etwas Ganzes aus mir
geworden ist, etwas Ganzes durch ein stätes Festhalten eines
Zieles, durch ein bewußtes Zusammenfassen der aus einander
strebenden Kräfte, so hat mir von den edeln und gewaltigen
Geistern vergangener Tage keiner in dem Grade dazu geholfen,
als Ihr großer Landsmann, in dessen Dienst ich mich mit jugendlicher Begeisterung begeben habe; unter den Lebenden aber weiß
ich Niemand, der so wie Sie, Hochzuverehrender Herr Präsident,
das „Immer strebe zum Ganzen!" mir zur Norm gemacht hat.
Seit neun Jahren lassen Sie mich, ich darf mich dessen mit
Freuden rühmen, diesen Einfluß Ihres Wesens erfahren. Es
waren in einer unvergeßlichen Zeit bedeutungsvolle Tage für

mein Leben, als ich um der Herder-Ausgabe willen zuerst zu
Ihnen kam. So weiß ich denn — wenn anders es mir gelungen
ist, mich in Gesinnung und Ausdruck ganz auf diesen Blättern
zu geben — so weiß ich wahrlich nicht, ob ich auch nur die
Hälfte mein eigen nennen darf. Und vielleicht sollte ich das
Wort Zueignung nicht gebrauchen, da schon so vieles in diesem
Büchlein Ihnen zu Eigen gehört.

Aber zu viel schon gerechnet, wo sich dem Empfinden so
viel unberechenbares aufdrängt, zu viel geredet, da doch das
Beste unaussprechlich bleibt. Zu viel jedenfalls im Namen eines
so winzigen Gastes. Mag er selbst sein Glück bei Ihnen ver-
suchen und um die venia legendi sich bewerben, um die Erlaubnis, sich vorzutragen und vernehmen zu lassen. Mir aber möge
er — und das wolle „das gute Glück" bestätigen! — auf lange
Zeit diese Erlaubnis im voraus bei Ihnen erwirken: sie ist das
Beste, was mir für meine bescheidenen Gaben beschert sein kann.
Auf lange Zeit — das wünsche ich in Treuen.

Berlin, Ende April
1879.
        Allzeit anhänglich

           Ihr

      Bernhard Suphan.

Inhalt.

		Seite
1.	West-Preußen : West-Marken. 1772. 1872.	1
2.	Die Hohenzollern und der Deutsche Idealismus	17
3.	Von Deutscher Art. Aus Herders Papieren	39
4.	Ein „Wäldchen" erläuternder Anmerkungen	49

1.

West-Preußen : West-Marken.

1772. 1872.

Gesprochen am 22. März 1872 im Sophien-Gymnasium
zu Berlin.

„Allzeit Mehrer des Reichs."

Eine einzige große Festgenossenschaft bildet heute das deutsche Volk. Von der Hütte im Hochgebirge bis zur Hütte am Meeresstrande ein Zug der Herzen, vom Bodensee bis zum Belt ein brausender Jubelruf, ein stiller Segenswunsch: Gott erhalte den Kaiser! — Und uns, die wir diesem allgemeinen Segensspruche unsern eigenen altgewohnten anschließen: Heil unserm Könige! — uns schwillt das Herz vor Freude, uns ergreift ein stolzes Entzücken, wenn wir auf diese allweite Genossenschaft hinblicken, wenn wir unsere deutschen Brüder in Verehrung und Liebe für dasselbe hehre und teure Haupt mit uns vereinigt sehen.

Wie es gekommen ist, daß unser Königlicher Herr des deutschen Volkes Kaiser geworden, in welchem Kampfe er das lichte Kleinod errungen hat, das nun über unserm Lande strahlt — das ist auch dem Jüngsten unter uns mit unvergänglichen Zügen ins Gedächtniß gegraben. Denn auch der Jüngste, der sie mit erlebt hat, diese große Zeit, der die „Wacht am Rhein" hat erbrausen hören und mit hellem Jubel in das Lied eingestimmt hat, er hat seiner Seele ein Bild eingeprägt, das an jedem Gedenktage mit unvergänglicher Frische auflebt. Es bedarf der Worte nicht, dies Bild heraufzurufen. Auch dünkt mich, vermöchten dies Worte nicht. Denn die Rede, die es umfassen und darstellen wollte, was in den Jahren 1870 und 1871 zwischen den beiden Geburtstagen unsers Königs inne liegt, die müßte wahrlich jenem Riesenkinde aus Elsaß gleichen, das, wie die Sage meldet, von Berg zu Thal niedersteigend Roß und Mann und Männerwerk im Spiele aufraffte und hurtigen Laufs davon trug.

So sei es denn der Phantasie, dem Riesenkinde, überlassen jenem Siegeslaufe sonder gleichen nachzueilen, in dem die edle Beute erjagt worden ist. Sei es ihr überlassen den herrlichen himmelanstrebenden Bau auszumessen, unter dem wir mit stolzer Freude als ein mächtiges, glückliches Volk uns zusammenfinden. Aber die Grundmauern dieses Baues zu prüfen und zu sehen, wie tief sie im Erdreich wurzeln, das gibt unserer Freude Halt und Zuversicht.

Nicht schöner wußten die Griechen den Helden zu erheben, der den höchsten Ehrenpreis errungen hatte, als wenn sie seine Großthaten ableiteten von der Tüchtigkeit und den Werken der Vorfahren. Unseres Königs schlichtes Heldentum, die hohe Bescheidenheit seines Wesens und seiner Rede, sie weisen unsere Selbstbetrachtung auf denselben Weg.

„Nun ist die Kette wieder voll", so begann die Inschrift am Postament der Germania, die in den Tagen des Einzugs unseres siegreichen Heeres vor dem Hauptportal des Schlosses thronte. Ihr zur Seite standen die beiden wiedergewonnenen Kinder, Elsaß und Lothringen; durch unsern König waren sie dem Vaterlande wieder zugeführt. Unten aber am Fuße des Postaments lagerten die Gottheiten der deutschen Ströme um den Vater Rhein. Er und sie alle zeugen mit beredtem Munde von dem Wirken der Fürsten aus dem Hohenzollerngeschlechte zu Deutschlands Ehre und Deutschlands Heil; daß sie deutsch geblieben, daß sie wieder deutsch geworden, wem anders als ihnen ist es zu danken? Da erschien auch auf ihr Ruder gelehnt unter den Stromgottheiten das Bild der Weichsel. Daß der östliche Strom aus den Händen der Fremden befreit, Deutschland zurückgegeben ist, das ist das Werk des großen Königs, dessen Bild als ein Wahrzeichen ächter Hohenzollernart unsern Königen vor Augen steht.

Die Geschichte des Weichsellandes Westpreußen — wie es deutsch geworden, wie es verloren gegangen, und wie es vor nun hundert Jahren für Deutschland wiedergewonnen worden, diese soll uns als ein Vorspiel, als ein Gegenbild der jüngsten Ruhmesthat, die dem deutschen Reiche den Vollbestand seines

Gebietes und unserm Könige die Herrschaft über das deutsche Reich zugebracht hat, in dieser Stunde beschäftigen. Friedrich der Große als „Mehrer des Reichs" im Osten — ein Bahnbrecher zu dem Kaisertum der Hohenzollern.

Unbezweifelbare, unveräußerliche Rechte hat die deutsche Nation auf das Land an der Ostsee diesseit und jenseit der Weichsel.

Der deutsche Orden, der jüngste von den drei morgenländischen Ritterorden, durch Schenkung des Kaisers und Papstes zum Herrn des Landes an der Ostsee jenseit der Weichsel bestellt, hat sich in mehr als funfzigjährigem Kampfe gegen die heidnischen Bewohner die Herrschaft an dieser Stätte erstritten. Aber nicht die Macht des Schwertes war es, welche schließlich die unbedingte Unterwerfung der alten Bevölkerung herbeiführte. Wohl ist im Feuer erbitterten Vernichtungskampfes, auflodernder Empörungsglut die alte Volksmasse gewaltsam umgeschmolzen und in die deutsche Form gezwungen; aber völlig zusammengeschmolzen sind die beiden feindlichen Volkselemente erst in dem gemeinsamen Kampfe gegen die Macht gemeinsamer Feinde, gegen die Meeresflut und den tückischen Strom. Diesem das fette Ackerland abzukämpfen, den Wald zu lichten, prangende Städte und reiche Dörfer der Wildniß abzugewinnen, das lernte der mit arbeitseligem offenem Sinne begabte Preuße dem Deutschen ab; in dieser Schule gab er mit dem Heidentume zugleich seine Nationalität auf, entwöhnte er sich zuletzt seiner alten Sprache. Nicht die hohe Tapferkeit der Ordensritter vollendete den Sieg des deutschen Wesens, sondern der ausharrende, thatkräftige Geist der Städter und Bauern, die der Orden ins Land rief.

„In Gottes Namen fahren wir", mit dem Gesange kamen sie aus den Städten und Landen Norddeutschlands, ein rüstiges, thatenfrohes Geschlecht: Bauern aus den gesegnetsten Gauen am Unterlaufe der deutschen Ströme, Bürger aus den blühendsten, handelsmächtigsten Städten. Ihre Betriebsamkeit fiel auf ergiebigen Boden. Um die Burgen des Ordens, an den Flüssen erhoben sich die neuen Städte, deren Reichtum durch den Anschluß an die deutsche Hansa mächtig wuchs. Diese Städte förderten am treuesten das Wachstum des deutschen Lebens: sie verliehen das Bürgerrecht, das Recht in Zünfte und Gewerke einzutreten nur dem, der der deutschen Sprache mächtig war.

Der Ordensstaat stand in seiner höchsten Blüte, als er, seine bisherige Westgrenze überschreitend, das Land Pommerellen, den Hauptteil von Westpreußen, an sich zog. Das Gebiet, das er achtzig Jahre nach seiner Niederlassung in Preußen zwischen Weichsel, Leba und Netze erstritt, war von slavischem Volke bewohnt; nur vereinzelt saßen Deutsche in dem alten Handelsorte Danzig. Nach dem Friedensschlusse, der dem Orden endgiltig das Besitzrecht verlieh, hat das jüngstgewonnene Gebiet kaum fünfviertel Jahrhunderte den Deutschen gehört; aber die Hälfte dieser Zeit hat dazu ausgereicht, daß die deutsche Cultur auch hier gründlich Wurzel faßte.

Ein neues, schöpferisches Zeitalter hob mit der Herrschaft des Ordens für das in öder Ruhe verkommene Land an. Gerade damals hatte der Hochmeister seinen Sitz nach Preußen verlegt, und edle, hochstrebende Männer nahmen nach einander den Meisterstuhl ein. Unter ihren Regententugenden glänzte nicht zum mindesten die, welche der Dichtermund an dem herrlichsten, Winrich von Kniprode, preist: sie waren Freunde der Städte und der Bauernschaft. Unter ihrer milden Herrschaft gedieh das neuerworbene Land zu höchster Blüte: Danzig wurde die mächtigste unter den östlichen Hansestädten. Unter Winrichs Herrschaft wurde die Marienburg vollendet. Unfern dem Lande des linken Weichselufers thronte sie am Strande der Nogat weithin sichtbar mit ihren hohen Zinnen, in ihrer schlichten Majestät, in der Kühnheit ihres Innenbaues ein sichtbares Bild des erhabenen, kühnen und reinen Sinnes, der das Werk der Bekehrung und Germanisierung vollbracht hatte.

Was waren es aber für Gaben der Cultur, die unter dem Schutze des schwarzen Kreuzes in dem Ordenslande gediehen? Das Heidentum haben die deutschen Herren aus dem Lande getrieben, dem Christentum und damit der milderen menschenfreundlichen Sitte den Weg gebahnt; aber sie haben auch dafür gesorgt, daß in ihrem Lande die Macht des Clerus nicht in der Weise steigen konnte, wie anderwärts in deutschen Landen. Hier verfing nicht der Bannstral des Papstes, hier gab es weniger Klöster, hier wurden weniger Heilige verehrt, als sonst in Deutschland. Ein freierer, milderer Geist, abhold der päpstlichen Tyrannei, frischer — wie die Luft im Norden — herrschte im Ordenslande. Und noch lange nach dem Verfall der Ordensherrschaft hat diese dem Aufschwung der Geister günstige Strömung sich erhalten. Hier haben, frei von geheiligtem Aberglauben, Copernicus und Hevelius [1] zu den Sternen aufgeschaut; hier hat, als ein neuer Morgen für das Christentum in Deutschland tagte, der neue Glaube seinen Einzug gehalten mit so siegreicher Schnelligkeit, daß Luther frohlockte: „Nach Preußen eilt das Evangelium mit vollem Lauf und ausgespannten Segeln!"

Förderer der Kunst und Wissenschaft war der Orden. Zahlreich waren die Bibliotheken im Lande; nirgends gab es, so rühmt ein älterer Geschichtschreiber, so viele weise, verständige, gelehrte, rechtserfahrene Leute, als in Preußen, „derohalben viel Herren, Ritter und Knechte den Orden zu sehen begehrten und mit Macht nach Preußen kamen." Derselbe edle Hochmeister Winrich, der eine Rechtsschule zu Marienburg gründete, verordnete auch, daß jedes Dorf von sechzig Familien seine eigene Schule besitzen sollte.

Kein Land im deutschen Reiche war vorzüglicher verwaltet, als das des Ordens. Die Einrichtungen, die die Hochmeister zur Blüte und zur Sicherheit des ganzen Landes trafen, hoben zugleich die persönliche Tüchtigkeit des Einzelnen, erzogen die Einwohner zu wackern Kriegern, Bürgern, Landbauern. Im Ordenslande bestand die allgemeine Wehrpflicht, als sie in Deutschland längst durch den Ritterdienst des Adels verdrängt war. Ein gemeinsames, nationales Recht herrschte im Lande zu einer Zeit, wo in Deutschland die Sonderrechte in Blüte standen und Verwirrung anstifteten.

Aber eine harte Dauerprobe hat die deutsche Cultur in Preußen auszustehen gehabt. So mächtig waren die Stände des Landes unter der Ordensherrschaft geworden, daß sie dieser Herrschaft entwachsen zu sein glaubten. Das unseligste Mittel wählten sie, um die alte Landesherrschaft zu verdrängen — den Anschluß an den Fremden, den Landesfeind. Ein wüster Krieg brach aus, der die Blüte des Landes verzehrte. Und auch der Friede, zu dem der Orden gezwungen war, brachte den Abtrünnigen keinen Segen. Die Osthälfte des Landes mit der Hauptstadt Königsberg verblieb dem Orden. Die Westhälfte fiel an Polen: nicht blos die Landschaft an dem linken Ufer der Nogat und Weichsel. Das Kulmerland, von wo des Ordens Herrschaft ausgegangen war, die Residenz und Hauptfeste Marienburg, Elbing, endlich das ganze Ermland wurde vom Ordenslande losgerissen. Die reichsten Landschaften, die stärksten Festungen, der wichtigste Stromlauf, die besten Häfen waren dem Feinde verfallen. Jene Osthälfte, das spätere Herzogtum Preußen, wie eine Insel von polnischem Gebiete umschlossen und als Lehen von der Krone Polen abhängig, hat ihren deutschen Character leichter zu wahren vermocht. Als bei dem Aussterben des Herzogshauses die Hohenzollerischen Kurfürsten Herzöge des Landes wurden, war die Gefahr polnisch zu werden beseitigt. Für alle Zeit, als der große Kurfürst Preußen aus dem Lehnsverhältniß löste und zu einem souveränen Herzogtume machte.

Schwerer ist es den Westpreußen geworden ihre deutsche Nationalität gegen das übermächtige Slawentum zu erhalten. Politische Selbständigkeit, Glaube und Sprache, diese drei teuersten Güter hatten sie in ungleichem Kampfe zu verfechten. Ihre Selbständigkeit, die sie in arger Verblendung selbst verrathen hatten, konnte ihnen auch der zäheste Widerstand nicht retten. Glauben und Sprache haben sie unter harter Bedrückung sich erhalten.

Hundert Jahre nach dem Friedensschluß, der Preußen mit Polen vereinigte, wurde den Preußen ihre politische Selbständigkeit genommen. Mit den polnischen Magnaten sollten hinfort die Abgeordneten des Preußenlandes auf den gemeinsamen polnischen Reichstagen erscheinen. Zwanzig Jahre später verstummte die deutsche Sprache in den Provinziallandtagen, und das Polnische wurde als Amtssprache eingeführt. Die deutschen Ortsnamen wurden slawisiert, deutsche Adelsgeschlechter wurden vermocht, polnische Namen anzunehmen. Aber erfolgreich wehrten sich die Städte gegen Unterdrückung des deutschen Wesens und der deutschen Sprache. Besonders wacker zeigten sich die Bürger in Thorn, am gefährdetsten Orte. Und überall, wo der Ring der Stadtmauer das deutsche Leben schützend einschloß, erhielt es sich unverfälscht; ohne Ausnahme in den Städten des Weichselthales, wo nur deutscher Fleiß und deutsche Kraft im Stande war, Grund und Boden gegen den Strom zu schützen. Weniger glücklich konnte sich das Deutsche im offenen Lande behaupten, am wenigsten da, wo noch von Alters her und wenig berührt von der ersten Colonisation das Slawische sich erhalten hatte. Wo noch heute in Westpreußen die polnische Sprache geredet wird, dahin ist auch unter der Ordensherrschaft das Deutsche nicht vorgedrungen.

Der evangelische Glaube hatte sich in Polnisch-Preußen zu gleicher Zeit als im Herzogtume verbreitet. Die Städte und die meisten Landgemeinden wurden evangelisch; nur Ermland ist ganz katholisch geblieben. Auch in Polen fand Anfangs der evangelische Glaube viele Anhänger. Als aber hier mit Einführung des Jesuiten-Ordens die Gegenreformation mächtige Fortschritte machte, und besonders der Adel sich dem Katholicismus wieder zuwandte, war der evangelische Glaube den ärgsten Verfolgungen ausgesetzt. Blutgierige Banden durchstreiften das Land, mordeten, mishandelten Geistliche und Schullehrer, brannten die evangelischen Kirchen nieder. Neue Kirchen zu bauen war den Protestanten untersagt. „Vexa Lutheranum, dabit thalerum", das war der Grundsatz der katholischen Edelleute. Am unerträglichsten wurde er geübt im letzten Jahrhundert der polnischen Herrschaft.

Der rechtlose Zustand, die Gräuel der Anarchie, die in Polen herrschten, verpflanzten sich nach Preußen; der Bauernstand verkam in der Leibeigenschaft, für ihn gab es kein anderes Recht, als die Peitsche des polnischen Starosten. Wie konnte dabei die Blüte des Ackerbaues fortdauern, die in der Ordenszeit den Wohlstand des Landes geschaffen hatte? Was der wetterfeste, im Kriegsdienst zum Bewußtsein seines persönlichen Werthes gelangte Bauernstand des Ordens vermocht hatte, das konnte und wollte der in Knechtschaft verkommene polnisch-preußische Bauernstand nicht leisten. Die Landstädte verödeten, aber auch größere und befestigte Orte, in denen zur Ordenszeit eine wohlhabende Bürgerschaft gesessen hatte, verfielen. So gab es in Culm Straßen, von deren Häusern nur die Keller als Wohnräume übrig geblieben waren; die meisten Häuser an dem großen Marktplatze standen herrenlos, ohne Thüren und Senster, ohne Dach und Sach.

Nach den dreihundert Jahren polnischer Herrschaft drohte das Land wieder in den Zustand zu versinken, aus dem es durch die Kraft und Tüchtigkeit des deutschen Stammes gezogen war. Hohe Zeit war es, daß der rechtmäßige Besitzer wieder in sein Erbteil gelangte. Der rechtmäßige Besitzer — denn was erteilt einer Nation das Recht ein Stück Erde als ihr Eigentum anzusprechen? Nicht die Dauer der Zeit, die die Vorfahren darin gehaust haben, sondern die Tiefe der Surche, welche ihre Culturarbeit dem Boden eingedrückt hat. Westpreußen ist deutsch; denn es verdankt den Deutschen seine Cultur! Die Polen haben es weder vermocht, dem Lande eine Cultur zu geben, noch diejenige zu erhalten, zu der es unter deutscher Herrschaft gediehen war. An ihnen selbst mußte sich das Wort erfüllen, das der polnische König auszusprechen gewagt hatte, indem er Besitz nahm von dem geraubten Lande: „Die Preußen wären zu ihrem Abfalle nach menschlichem und göttlichem Rechte befugt gewesen, da Niemand einer ungerechten und Böses verübenden Obrigkeit Gehorsam schuldig sei."

Friedrich der Große hat Westpreußen mit **seinem Staate** vereinigt — er hat es damit für **Deutschland** zurückgewonnen. Friedrich hat Westpreußen zu einem würdigen Gliede seines Staates zu erheben vermocht, — er hat es gethan, indem er der **deutschen Cultur** darin wieder eine Stätte bereitet hat.

Schon als Jüngling hat er in einem Aufsatze, den er während seiner Haft in Cüstrin verfaßt hat, sich über die Nothwendigkeit der Zurücknahme Westpreußens geäußert. Er wiederholt den Gedanken mit derselben Bestimmtheit in seinem sogenannten politischen Testamente vom Jahre 1752. „Eine uneigennützige Macht mitten zwischen ehrgeizigen müsse untergehen," fügt er hinzu, und mit dieser politischen Sentenz hat er selbst die Rechtfertigung des Verfahrens gegeben, das zur Wiedererwerbung der Provinz geführt hat.

Am 5. August 1772 wurde zu Petersburg zwischen Rußland, Oesterreich und Preußen der Vertrag über Besitzergreifung bisheriger polnischer Gebiete abgeschlossen. Durch diesen Vertrag erhielt Friedrich Polnisch-Preußen mit Ausschluß von Thorn und Danzig, dazu den Netze-District. Ohne Widerstand nahm der König vom Lande Besitz. Am 27. September — demselben Tage, an dem **Straßburg** wieder unser ward — traten die Stände der Provinz in der Marienburg zusammen und leisteten in dem großen Ordensremter, dem Hauptsaale der Burg, den Huldigungs-Eid. „Regno redintegrato praestata fides" — der wiederhergestellten Herrschaft ist der Treuschwur geleistet — lautet die Umschrift der Denkmünze, die Friedrich auf den Tag hat prägen lassen.

Die Wiederherstellung der alten deutschen Herrschaft, sie bedeutete für das Land die Wiederherstellung seiner alten Wohlhabenheit, seiner alten Cultur.

Mit unermüdlicher Fürsorge hat Friedrich die Culturarbeit zur Hebung des armen verkommenen Landes **eingeleitet** schon Jahr und Tag vor der Besitznahme, in **Angriff genommen** an dem Tage, wo er seine Herrschaft proclamieren ließ, **gefördert** die vierzehn Jahre hindurch, die ihm zum Wohle seiner Länder noch vergönnt waren. Glaube Niemand, daß der große König sein Culturwerk nur als ein **Geschäft** getrieben hat, das seinem Unternehmer die Auslagen reichlich wieder einbringen würde. Die Ehrenpflicht eines deutschen Regenten hat er darin geleistet. „Es war billig, daß ein Land, das den Copernicus hervorgebracht hat, nicht länger in jeder Art von Barbarei schmachtete, in welche mächtige Tyrannen es gestürzt hatten" — mit diesem Gedanken begab er sich ans Werk. „Man hat mir einen Zipfel Anarchie gegeben, den ich in Ordnung bringen muß" — so kennzeichnet er die Größe der Aufgabe, der er sich unterzog.

Er selbst, mit der ganzen Macht, mit dem ganzen Feuer seiner Persönlichkeit. Ein Wort über die alles umfassende, alles durchdringende Thätigkeit Friedrichs, aufgezeichnet von einem Manne, dessen Blick auch alles durchdrang, alles umfaßte, ein Wort Goethe's kommt uns in den Sinn. Er spricht von der großen Walze mit gar vielen Stiften und Häkchen, Fridericus Rex gezeichnet, die unermüdlich sich drehend das ganze künstlich feine Triebwerk rege und regulire.³ Nirgends spüren wir mehr von der wunderbaren Triebkraft der Walze, als bei der Verwaltung Westpreußens. Persönlich kümmerte sich der König um alle Maßregeln zur Wiederaufrichtung des Wohlstandes; bis in das Einzelnste erstreckte sich seine wahrhaft hausväterliche Sorgfalt. Täglich empfing er Berichte seiner Beamten über die Provinz. Es waren die geschicktesten, die er für sie ausgewählt hatte; mit ihnen correspondierte er unausgesetzt, und die zahlreichen Cabinetsordern und Handschreiben sind gar beredte Zeugnisse von seiner treuen Hingabe.

Unverdrossen war der sonst so sparsame Monarch, bedeutende Summen zu bewilligen zum Aufbau der Städte. Culm, das traurig verödete, wurde fast eine Neugründung Friedrichs. Reichlich flossen die Mittel aus den Königlichen Kassen zur Wiederherstellung der Deiche und Wasserbauten; zur Hebung des Handels und Verkehrs wurde der viertehalb Meilen lange Bromberger Canal gebaut; des Königs Ungeduld trieb die Beamten an, ein Jahreslauf mußte zur Vollendung genügen, und schon im Sommer des zweiten Jahres sah der König zu seiner Freude beladene Oderschiffe der Weichsel zufahren.

Was Friedrichs rastloser Eifer in kurzer Zeit ins Leben gerufen hat, ist mit denselben Mitteln gelungen, wie die Culturschöpfungen des Ordensstaates. Colonisten rief der König ins Land aus den Gegenden Deutschlands, wo der betriebsamste Menschenschlag wohnt. Viele kamen aus denselben Gegenden, denen die Pfleger der ersten Culturblüte des Weichsellandes entstammten. Viele kamen aber auch aus Süddeutschland: Baiern, Schwaben, auch das Elsaß entsandte seine Kinder nach Westpreußen. Wol Elftausend sind in den vierzehn Jahren der Fridericianischen Aera eingezogen. Eine keimkräftige Saat streute Friedrich über das ganze dünn mit Bewohnern besetzte Land; je nach Bedürfniß der Ortschaften verteilte er die Einwanderer. Am liebsten warf der König die neue Bevölkerung in die echt polnischen Landstädte, am liebsten gründete er die deutschen Dörfer mitten unter den elenden Hütten der polnischen Bauern. Und damit hatte er einen doppelten Zweck im Auge, Hebung des materiellen Wohlstandes und Ausbreitung der Civilisation. „Es müssen gleich ganze Dörfer und Colonien" — so lautet eine seiner Instructionen — „mitten unter dem groben Zeuge angelegt werden, die ganz allein wohnen und ihre Nahrung und Gewerbe für sich treiben, damit das hiesige Volk um so besser siehet und gewahr wird, wie jene sich einrichten und wirtschaften. Wenn sie sodann den Nutzen davon sehen, so werden sie nach und nach sich auch schon gewöhnen, fleißiger und ordentlicher zu werden." Aber nicht nur als Vorbilder in Arbeit und Sauberheit sollten die deutschen Colonisten dienen. Es galt in dem verkommenen Landvolke das Bewußtsein der Menschenrechte, die Würdigung der persönlichen Freiheit, die Liebe zur Bildung zu erwecken. Die alte Wohltat eines gemeinsamen Rechtes, die diesem Lande schon einmal zu Teil geworden war, sie sollte wiederum empfunden werden. Die Leibeigenschaft ward aufgehoben; aber das arme Landvolk mußte erst begreifen lernen, was ihm damit beschert war. „Sie werden die Wohlthat der aufgehobenen Leibeigenschaft nicht nach ihrem wahren Werthe einsehen" — schreibt der König. „Das sicherste Mittel, um diesen sklavischen Leuten bessere Begriffe und Sitten beizubringen, wird immer sein, solche mit der Zeit mit Deutschen zu meliren, und wenn es auch nur anfänglich mit zwei oder drei in jedem Dorfe geschehen kann."

Als ein anderes, sicher durchgreifendes Mittel zur Durchführung seiner humanen Ideen erkannte Friedrich die Schulen. Unablässig trieb er darum seine Beamten, das Capital, das er zu Besoldung von Lehrern ausgesetzt hatte, vorteilhaft anzulegen, damit die Zahl der Stellen fortwährend gesteigert werden könnte. So wurden mehr als zweihundert Schulen gegründet. Nicht invalide Unterofficiere und Handwerker, wie an manchen andern Orten der Monarchie, sondern wohlgeschulte, selbst von Universitätslehrern vorbereitete Volksschullehrer brachte der König in seine neue Provinz. Auch an den Orten, wo blos polnisch gesprochen wurde, sollte der Schullehrer deutsch verstehen.

Doch nicht um das Zurückdrängen der polnischen Sprache und Nationalität war es dem Könige in der ersten Reihe zu thun; er dachte nicht an Bevorzugung der deutschen Sprache. Von den Vorzügen seiner Muttersprache war er selbst noch zu wenig durchdrungen. Deutsch denken und fühlen, deutsch arbeiten lernen sollten seine Westpreußen, damit sie aus Irokesen — so nannte er sie im Scherz — civilisierte Menschen würden. Und das ist ja auch die Hauptsache der Germanisirung: Ablegung der alten slawischen Unsitten, der Trägheit, des Hanges zur Gesetzlosigkeit, der staatsfeindlichen Willkür, der bildungsfeindlichen Glaubenswuth.

Der Glaubenswuth, dem unduldsamen Sanatismus war von dem Tage der Besitznahme an ein Ende gemacht. „Unter denen katholischen und evangelischen Unterthanen," ordnete Friedrich an, „muß nicht der allermindeste Unterschied gemacht werden." Gewissens- und Glaubensfreiheit wurde gewährt; jetzt athmete auch die evangelische Kirche wieder auf. Ihr, der lange und schwer unterdrückten, wandte der König besondere Sorgfalt zu. Er unterstützte reichlich den Bau evangelischer Kirchen; er brachte Ortschaften, in denen der evangelische Glaube durch die katholische Gutsherrschaft verfolgt wurde, käuflich an sich, um die Einwohner in ihren teuersten Interessen schützen zu können. — So ist der große König unermüdlich für sein liebes Westpreußen bis zu seinem letzten Krankenlager besorgt gewesen. Eine seiner letzten Cabinetsordern beschäftigt sich mit dieser Provinz.

Und ihm ist noch bei Lebzeiten der schönste Lohn für seine landesväterlichen Sorgen geworden. Er konnte noch wenige Monate vor seinem Tode mit herzlicher Befriedigung an einen hohen Beamten der Provinz schreiben: „Demnächst fangen die Preußen an, etwas industrieuser und aufgeklärter zu werden, und es hat mich dieses sowol, als der Fortgang der Fabriken überhaupt gefreut."

Rasch und eng ist Westpreußen mit den alten Gliedern des preußischen Staates zusammengewachsen. Schon zwanzig Jahre nach Friedrichs Tode hat es sich wacker bewährt. Als im Jahre 1806 die bei der zweiten und dritten Teilung erworbenen polnischen Landesteile von der Monarchie abfielen, wankte Westpreußens Treue nicht. Unter den wenigen Festungen, die damals den Ruhm der preußischen Tapferkeit wahrten, steht Graudenz stattlich da. Und als im Jahre 1813 von Ostpreußen der Ruf zur Erhebung ausging, fand er in Westpreußen kräftigen Widerhall. Die erste größere patriotische Gabe aus dem Jahre 1813 ist ein Ehrenzeugniß für die jüngste Provinz.

Wenn im September dieses Jahres im Huldigungssaale der Marienburg die hundertjährige Zugehörigkeit von Westpreußen zum Hohenzollernstaate begangen wird, so wird die Bedeutung dieser Feier über die Grenzen der Provinz, über die Grenzen unserer preußischen Monarchie hinaus empfunden werden. So weit geschichtliches Verständniß reicht, wird man im ganzen deutschen Vaterlande erkennen, wie hoher Dank dem großen Friedrich gebührt, der dort im Osten die Kette wieder voll gemacht hat.

Wie sollten wir es uns versagen, von dieser Errungenschaft Friedrichs hinüberzuschauen zu den beiden herrlichen Schlußgliedern, die unser König der Kette des deutschen Volkstums wieder angefügt hat, den prangenden Westmarken an Rhein und Mosel? Ist doch die Weise, mit der jene und diese dem deutschen Volke entwandt worden sind, sind doch die Listen, die hier wie dort der Feind angewandt hat, deutsche Sprache und Sitte zu ertöten, einander so ähnlich. Ja auch die Landesfeinde selbst, der Slawe im Osten, der Wälsche im Westen,[a] sind nicht so gar verschiedenen Charakters.

Aber noch lieber möchten wir die Zukunft und Entwicklung der durch unseren König wiedergewonnenen Landesteile vergleichen mit der Periode der Wiederbelebung von Westpreußen. Drei Lustra der Regierung des großen Königs haben ausgereicht zur innigen Verbindung von Jung- und Altpreußen. Friedrich selbst hat sich noch des neuen Geistes gefreut. Kräftig und emsig wird unter der Obhut des erhabenen Kaiserlichen Schirmherrn das Werk getrieben, Pflanzschulen deutscher Gesittung und Gesinnung in den neuen Reichslanden anzulegen. So möge denn auch unser König den Tag schauen, da man in Elsaß und Lothringen ihm in Treuen dankt für die Wiedergeburt zum deutschen Leben. Dazu wolle ihn die Vorsehung erhalten; ja möge es uns vergönnt sein bei seinem Anblick auch fürderhin mit Freuden, mit Dank gegen den Höchsten das Wort zu wiederholen: „Seiner Augen Glanz ist nicht dunkel worden, und seine Kraft ist nicht verfallen." —

2.

Die Hohenzollern
und
der Deutsche Idealismus.

Bilder aus der vaterländischen Literatur und Geschichte
zur Feier des 22. März 1879.

Gesprochen am 22. März 1879 im Friedrich-Werderschen Gymnasium zu Berlin.

*Drei edle Grafen folgen, bewährt in Schildesamt,
Von Tübingen, von Zollern, von Schwarzenberg entstammt.
O Zollern! deine Leiche umschwebt ein lichter Kranz:
Sahst du vielleicht noch sterbend dein Haus im künft'gen Glanz?*
        Uhland, Die Schlacht bei Reutlingen.

Wie um den Geburtstagstisch des allverehrten Hauptes einer weitverzweigten Familie, den die Anhänglichkeit der Alten und Jungen mit Pfändern der Liebe bedeckt hat, mit Angebinden, die aus treuestem Herzen dargebracht sind, um den die Schenkenden selbst mit strahlendem Auge, mit holdem Glückwunsche sich drängen, unter einander sich freudig begrüßend — denn sie kommen sonst im Jahreslaufe nicht häufig zusammen — mit freudigstem Zuruf aber dem Gefeierten entgegen eilend, dem das Silberhaar heute mit schönerem Glanze das Haupt zu umweben scheint — wie um solch einen Geburtstagstisch, zuschauend, Teil nehmend, selbst Heil und Segen wünschend, so, geliebte Schüler, stehen heute Deutschlands Söhne im Geiste um das hohe schlichte Haus ihres Herrschers, wir aber als Nachbarn und Stadtgenossen zu allernächst. Nicht wie gaffende Gäste, die von fern her gekommen sind, und sich neugierig auf die Fußspitzen stellen, um doch auch was von dem Glanze da drinnen zu erspähen, nein, wie Verwandte vom fernsten Grade, die bescheiden auch in der Ferne bleiben, weil sonst des Gedränges zu viel werden möchte, aber die es doch sich nicht nehmen lassen, im G e i s t e — so drückt es treuherzig der Volksmund aus — im Geiste dabei zu sein.

Und doch, ihr merkt es, es fehlt uns wol etwas an der Berechtigung, dies Gleichnis völlig mit der Wirklichkeit zu

vereinbaren. Wie mag solche Vertraulichkeit bestehen vor der
Würde und Höhe des königlichen Mannes, den wir heute
feiern? — Ich meine nicht die Würde des erhabensten Titels,
nicht die Höhe des mächtigsten Thrones — vor der Würde und
Höhe der Person, des Helden, des königlichen Greises?

Der Mann, auf dessen ehernes Bild wol auch heute einer
der ersten Blicke unseres Kaisers gefallen ist, trägt neben dem
feierlichen Beinamen, den ihm sein Volk gegeben, die Welt-
geschichte zuerkannt, einen gemüthlichen Namen, der wie aus
Kindesmund ihm angeflogen ist: der alte Fritz. Wie aus Kindesmund — denn sein ganzes Volk schaute mit Kindesaugen
in sein machtvolles Königs- und Landesvater-Auge. Solch
ein Auge schaut auch auf uns; und wohl ihr Jüngeren schaut
wieder so zu ihm empor, wie die Berliner Knaben vor hundert Jahren zu ihrem Könige, aber wir Aelteren heben den
Blick anders zu ihm auf. Sie ist nicht mehr, die Zeit, da
„der alte König" sich rühmen konnte, wie einst Eberhard, Wür-
tembergs geliebter Herr. Er konnte, wenn er etwa durch das
Brandenburger Thor (es sah damals noch wie ein anderes
Stadtthor aus) die Linden herunter geschritten kam, sich auf
des ersten besten Bürgers Arm stützen. Sie ist nicht mehr,
diese Zeit. Und viele, denen die Erinnerung, wozu in jüngster
Zeit ein Deutscher Arm sich erhoben hat, in der Seele
brennt, sagen mit Schmerz: sie ist nicht mehr. Und das
ist eine traurige Ursache, die uns die Traulichkeit verbietet.
Aber zum Glück ist das nicht die einzige Ursache, und wir
dürfen hoffen, daß sie bald gar nicht mehr gelten wird.
Es giebt noch eine andere, die wird immerfort bestehen.
Der „alte Fritz", so stellte es sich sein Volk vor, hatte
sich nach wacker geübtem Königs-Handwerk zur Ruhe gesetzt
wie ein tüchtiger Meister, der mit fleißiger glücklicher Hand
sich ein schönes Vermögen erobert hat. Dort saß er in
seiner Villa „Sorgenfrei" und genoß den Abend seines
Lebens halb thätig halb gemächlich, er hielt sich ein paar
Stunden frei, mit seinen Windhunden spazieren zu gehen
und mit seinen Leibfranzosen zu spielen — und jezuweilen

kam er herüber aus Potsdam, zu sehen, wie es seine Berliner Kinder trieben. Unser König — in einem Lebensalter, da jedweder Geschäftsmann es sich gönnt, im otium honestum sein Erworbenes zu genießen, da beginnt er erst recht sein Tagewerk. Da zieht er sein Schwert, er schlägt nach Nord, nach Süd, nach West, um der Welt zu beweisen, was Preußen, was ein Preußischer König für Deutschland zu bedeuten hat. Er spielt auch mit den Franzosen, ein gewagtes Spiel; er gewinnt seinen Einsatz: Preußens Ehre, er gewinnt die Kaiserkrone. Er stiftet Frieden zwischen zwei Erdteilen — aber sein eigenes Land vergißt er darüber keine Stunde, für dessen Wohl wacht er, sorgt er, müht er sich, wie ein ewig Jugendlicher. Und freilich schon darum kann er in der Geschichte kein Bruder des „alten" Fritz werden. Wie nahe stehen sich diese beiden Königsbilder trotzdem. Wie lockt uns diese Nähe, zu vergleichen: Willen mit Willen, Verstand mit Verstand, Kraft mit Kraft, Erfolg mit Erfolg. Aber wie unpreußisch wäre doch wiederum ein solches Vergleichen, das heißt wie unvereinbar mit der Nüchternheit, Schlichtheit, Bescheidenheit des alten ächten Preußentums! Danken wollen wir der Vorsehung dafür, daß in unserm Königshause so schön und völlig das Wort der h. Schrift wahr wird: „Der Alten Krone sind Kindeskinder, und der Kinder Ehre sind die Väter" (Sprüche Sal. 17, 6). In Einem aber dürfen wir um unser selbst willen die Vergleichung nicht unterlassen. Um unser selbst willen: damit nicht statt stolzer Freude die Scham uns die Wangen röthe. Den Kindessinn seiner Unterthanen fand der große Friedrich mit Knechtssinn versetzt und gepaart. „Ich bin es müde, über Sklaven zu herrschen", hat er gegen Ende seines Lebens geklagt. Unser Kaiser ist es nicht müde geworden, über Freie zu herrschen; nein, er wird es nicht müde werden, wenn auch ein Teil des Deutschen Volkes, ein verlorener Sohn der Nation, diese seine Freiheit erst im grobsinnlichen Verstande zu begreifen, zu genießen, zu üben im Stande ist. Auch dieser verlorene Sohn wird einst reuig wieder kehren. Möchte er noch zu ihm, dem hehren Greise, nach langem Entbehren dem ersten Herrschervater des gesamten Deutschen Volkes, sich zurückwenden. Alsdann wollten wir noch freudiger, noch heller ihn, unsern Kaiser grüßen mit dem Dichterworte:

> Das Haupt zu heißen eines freien Volks,
> Das dir aus Liebe nur sich herzlich weiht,
> Das treulich zu dir steht in Kampf und Tod —
> Das ist dein Stolz, des Adels rühmst du dich.

Welche Wandelungen denn auch das Gefühl der Anhänglichkeit, der Zusammengehörigkeit von Fürst und Volk bei uns im Laufe der Jahrhunderte erfahren haben mag: das eine wissen wir, fühlen wir, heute zumal, am Schlage des Herzens: es ist in seinem innersten Kern sich gleich geblieben. Jenem kostbaren Edelsteine in der alten Kaiserkrone gleicht es, den sie seines einzigen Glanzes wegen Orphanus, den „Waisen" nannten. Er leuchtet verschieden in verschiedenem Lichte, anders vor hundert Jahren, anders im Lichte der Gegenwart; aber es bleibt derselbe Stein, derselbe Schein. „Ererbt von den Vätern, erworben zu eigentlichem Besitze", das ist die Devise, in welche er gefaßt ist. „Ererbt von den Vätern", nur diesen Teil der Umschrift wollen wir betrachten. Denn wie unser Kaiser dieses Kleinod von neuem erworben, zu wirklichem Besitze erhoben hat, wer wäre so jung, daß er das nicht wüßte, wer würde so alt, daß er es vergäße. „Ererbt von den Vätern", das bleibt die Hauptsache für alle Zukunft, darin liegt die Bürgschaft für den Bestand des Reiches.

Worin besteht dieser Erbschatz von Anhänglichkeit, Vertrauen, Liebe, Hingebung, Verehrung — der köstlichste, den der Kleinodienschrein unserer Herrscherfamilie beherbergen mag?

Man hat oft gesagt, liebe Schüler, hauptsächlich bestehe er in den Gefühlen der Dankbarkeit, des Dankes, den wir diesem Fürstengeschlechte schuldig sind und zollen, für Wohlthaten, seit hundert und aber hundert Jahren unablässig dem Preußischen, Deutschen Volke erwiesen. Der Dank — fürwahr ein festes Band, eine edle Fessel. Mit jenem zarten Drahtgeflecht zu vergleichen, wie es die kunstfertige Hand italischer Meister zu Stande bringt: unzerreißbar, unzertretbar. Keine Gewalt mag ihm was anhaben. Keine Gewalt — aber doch ist das Band nicht unzerstörbar. Der Rost tastet seinen Silberschein an, versehrt sein feinstes Geflecht und Gefüge, ätzend nagt die Säure daran. Der Rost der Vergeßlichkeit — des Menschen Erbschwäche — die Säure des Mistrauens, des Parteigeistes, ach manche schöne Dankesfessel ist schon von diesen stillen Feinden zermürbt, zernagt, zerstört worden. Der Dank — vom Gedenken, vom Denken an etwas Geschehenes ist er genannt. Gedenken und Denken sind in der Sprache unsrer Klassiker, zu Anfang dieses Jahrhunderts, noch ein Wort, und zu Luthers Zeiten stand es noch eben so mit den Worten der Gedanke und der Dank.[1] Der Dank, wenn ihn ein Künstler bildete, er müßte dastehen wie ein edler Jüngling, sinnend, das Antlitz seitwärts, rückwärts wendend. Aber, liebe Schüler, die mächtigsten Affecte, die triebkräftigsten, welche die Menschenbrust bewegen, sie schauen vorwärts, vorwärts ins Leben hinein, aufwärts, aufwärts nach den höchsten Zielen seines Strebens. Mit dem fühlst du dich einig, am einigsten, mit dem du einerlei Hang und Zug der Seele verspürst, ich möchte sagen, einerlei Haltung der Seele; mit dem, dessen Ziel in der Linie liegt, in deren Richtung auch du vorwärts strebst. Das ist das Band, welches selbst der Bösen Gemeinschaft, um nicht zu sagen Freundschaft, lange zusammen hält; das war jenes nur vom Tode zu lösende Band, welches die Bundesgenossen, die Freunde des Heroenzeitalters umschlang; das war es im Grunde, was jene heiligen Kampfgenossenschaften auf Leben und Tod stiftete und festete, von denen ihr hier und dort aus dem Altertum höret, von denen euch etwa Cäsar zuerst erzählt hat: neque adhuc repertus est quisquam, qui eo interfecto, cuius se amicitiae devovisset, mori recusaret.

Nun, ich behaupte, einen solchen gleichartigen Zug, eine solche gleichmäßige Haltung der Seele und Richtung nach einem Ziele hin gibt es auch zwischen den Fürsten aus dem Hohenzollernhause und dem Preußisch-Deutschen Volke. Er hat bestanden und besteht. Ich möchte ihn euch mit einem Namen zusammenfassend benennen, und finde doch nur einen fremd und gelehrt klingenden: der praktische, der sittliche Idealismus. Möge euch der Klang nicht befremden: er bezeichnet etwas echt heimatliches. Und fürchtet nicht, daß ich euch auf schwindelndem Stege in die dünne Luft der Speculation entführe. Wir bleiben zusammen auf dem lieben Boden der Heimat, auf dem festen Boden der Geschichte und des Lebens. Wir ersteigen etwa zusammen einen Bergesgipfel, und lassen uns von gesunder Luft anwehen und emportragen, und blicken herab auf ein sonnenbeschienenes, fröhliches Gelände.

Der sittliche, praktische Idealismus, der gemeinsame Grund, auf welchem die Hohenzollern mit dem Deutschen Volke stehen, und das Band, das sie zusammen hält — darüber will ich heute reden, da ich im Namen eurer Lehrer zu euch zu sprechen habe. Heute — denn an diesem Tage wollen wir zu herzlichster Befriedigung uns eins, einig, einmüthig fühlen mit dem, dem die Geschicke unseres Volkes anvertraut sind — hier; denn nächst dem Gotteshause und dem Vaterhause wüßte ich keinen Ort, wo man fröhlicher über den sittlichen Idealismus reden möchte als Anstalten, wie die unsrige, als das humanistische Gymnasium; denn sie sind zu Pflegerinnen dieses Geistes von Alters her erkoren, bestellt und verordnet.

In Bildern aus der vaterländischen Geschichte, in Beispielen herrlicher Menschen, denen die älteren unter euch schon näher getreten sind, will ich euch, ihr Knaben, in Charakterzügen und Maximen von der Art, die unser Goethe Symbole des Menschenlebens[2] nennt, das heißt Erlebnisse und Betrachtungen, die urbildlich und vorbildlich auf uns zu wirken vermögen, will ich euch, ihr Jünglinge, das was ich meine, nahe bringen. Und wenn dereinst jene Bilder in euch zu guter Stunde aufleben und von diesen Grundsätzen und Charakterzügen in eure Denkungsart etwas übergeht, wenn aus Erinnerungen Vorsätze ersprießen, aus Vorsätzen Thaten gedeihen — dann, ja dann haben wir diesen Tag würdig mit einander begangen.

I.

Es ist über hundert und zwanzig Jahre her, da wanderte ein deutscher Mann nach Italien mit spärlichem Reisegeld, reich in seinem Gemüthe. Er war auf altmärkischem Sande, als ein Unterthan des Königs in Preußen geboren. Bis an sein vierzigstes Lebensjahr fast hatte er in Kummer und Noth, in unwürdiger Stellung gelebt, aber sein Blick war fest und frei geblieben, seine Haltung ungebeugt. In Rom begann erst, wie er selbst sagt, sein Leben, denn dort begann er sein unsterbliches Lebenswerk: die Geschichte der alten Kunst. Er wurde rasch ein berühmter Mann, geehrt und aufgesucht von Fürsten und Cardinälen. Und in jener Zeit trat manchen Morgen auf den Altan eines römischen Hauses ein rüstiger Mann, in der Hand einen kleinen Homer und ein altväterisches lutherisches Gesangbuch. Da las, oder wie er sagte, betete er Stellen aus dem heiligen Homer, am liebsten Naturbilder, Gleichnisse; zuvor aber las oder sang er, es war eine liebe alte Gewohnheit, von der er nicht lassen konnte, ein gutes Kernlied. Am liebsten das alte Morgenlied von Paul Gerhard, dessen Weise sich wie auf Flügeln der Lerche mit hellem Jubelton aufschwingt:

> Ich singe dir mit Herz und Mund,
> Herr meines Lebens Lust —

und wie es weiter geht. Da kommt denn auch der Vers:

> Du füllst des Lebens Mangel aus
> Mit dem was ewig steht.[a]

Ihr merkt wohl, dieser Morgensänger und jener Wanderer sind ein und dieselbe Person. Und ihr begreift, weshalb Joh. Joachim Winckelmann — denn er ist es — eben jenes Lied so gern hatte. Damit hatte er sich hinweggetröstet über die Armseligkeit und Niedrigkeit jener vierzig Jahre des Elends. Und fürwahr, ihm hätte die Seele im Innersten verzagen, er hätte geistig untergehen müssen in jener trüben Atmosphäre, wenn nicht in seiner Seele immerdar gewebt hätte jene Himmelsluft, jenes Göttliche, das des Lebens Mangel ausfüllt. Es war der unverzagte Glaube an seinen Beruf, an seine Sendung, der ihm das erhielt, was die Bibel den freudigen, gewissen Geist nennt. Der Glaube an solch einen Beruf, die Treue mit der das gläubige Herz an diesem Berufe hängt, das ist der Urquell des sittlichen Idealismus.

„Meine Speise ist, daß ich thue den Willen des, der mich gesandt hat," so sprach der größte Idealist, der in die Welt gekommen, das Ideal der Menschheit selbst. Uebersetzen wir das aus dem Göttlichen in das Menschliche, so heißt es: Ich kann nicht leben, ohne meinen Beruf zu erfüllen, den mir die göttliche Stimme in meinem Innern beglaubigt. In Kraft solcher Speise, sagt die Schrift, ging Elias, der Luther des alten Bundes, vierzig Tage und vierzig Nächte, bis daß er kam an den Berg Gottes Horeb und vernahm die Stimme des Herrn in einem sanften stillen Sausen. In Kraft dieser Speise zog Luther gen Worms und trat mit Bekennermuth vor Kaiser und Fürsten. In Kraft dieser Speise hatte Winckelmann, der Reformator der Altertumswissenschaft, und damit zugleich der Reformator unserer Literatur, sein vierzigjähriges Fasten überdauert, Offenbarungen entgegenharrend, die er begeisterten Auges schauen sollte, und die er verkündete mit begeistertem Munde.

Dies also ist die unversiegliche, kräftige Quelle des sittlichen Idealismus, und sein Wesen ist, daß er praktisch ist, dem Realen nicht entfremdet. Er wählt seine Ziele nicht außerhalb des Menschenmöglichen, wohin der falsche, sich übersteigende Idealismus sich verirrt. In dem eigenen, von der Vorsehung angewiesenen Kreise sucht sich der rechte Idealismus das edelste, das am mühsamsten zu erklimmende Ziel. So haben es, die gottverliehene Kraft prüfend, große Helden, große Menschenfreunde gethan. Aber wir brauchen, um tüchtigen Idealismus zu finden, nicht weit und hoch zu schauen. Dort wirkt er, in dem kleinen Städtchen am Rhein, wo der Wirt zum goldenen Löwen als Rathsherr dafür sorgt, daß man seinen Ort als den reinlichsten, schmuckstein, aber auch als den höflichsten, gebildetsten überall rühme. Und hier wirkt er, im Hause des Handwerkers, des kleinen Beamten, wo der Vater hämmert oder schreibt, und die Mutter näht und spart — daß es einen Nothpfennig gebe für Alter und Krankheit? O nein, dafür läßt man Gott sorgen und baut auf Kindes Dankbarkeit, nein, damit von den Söhnen einer wenigstens die hohe Schule besuche, und dereinst

nicht ein Gleicher werde dem Vater, sondern ein Beßrer.

Und wer das nicht aus der Dichtung bloß kennt, sondern es wirklich und in Wahrheit erfahren hat, und Vater und Mutter hier leise mit dankbarem Gemüthe nennt — der preise sich glücklich: denn in schlichtester Hülle und Gestalt, aber als ein leuchtendes Vorbild ist seiner Jugend der Idealismus leibhaftig erschienen.

II.

Solch ein Idealismus, das wollen wir weiter erwägen, ist unserem Herrscherhause vor andern eigen gewesen, nimmer den Hohenzollern ganz abhanden gekommen. In dem persönlichen Charakter unserer Fürsten finden wir ihn, er begegnet uns in ihrer politischen Schöpfung als ein Charakterzug des Preußischen Staates.

Ehe Friedrich der Große das Wort sprach vom Fürsten, dem ersten Diener des Staates, haben die Hohenzollern die Treue im Berufe geübt, die Treue gegen ein Volk, das sie nicht sonder Zwang zu ihrem Volke machen konnten, die Treue mühseliger Arbeit auf einem unergiebigen Ackerfelde. Und dabei ist es geblieben, das beweist unseres Kaisers leuchtende Pflichttreue, auch nachdem sie das Höchste errungen, was einem treuen Fürstengeschlechte beschert sein kann. In solcher Pflichttreue dauert ja unter den schwierigsten Verhältnissen nur der aus, der einen unbeirrbaren Glauben an seinen Beruf hat, einen Erbglauben gleichsam an die Bestimmung seines Geschlechts, seines Staates: als Hort des deutschen Protestantismus, des deutschen Volkstums, als Kern des deutschen Einheitsstaates die Führerschaft über alle Stämme zu übernehmen. Da tritt schon der große Kurfürst auf Gustav Adolfs Bahn;

als Schutzherr der Protestanten trotzt er selbst dem mächtigen Franzosenkönige. In diesem Sinne, und nicht aus Staatsraison nahmen sich auch seine Nachkommen der verfolgten Protestanten an. In dieser Berufstreue wurzelt das ehrenfeste Wesen überhaupt, mit dem der große Kurfürst und seine Nachfolger, bis es ganz unmöglich ward, ihr Verhältnis zum Reichsoberhaupte auffaßten, selbst dann noch auffaßten, wenn sie sich von dem Kaiser hintergangen und für Habsburgische Haus-Interessen gemißbraucht sahen. Aus dieser Treue aber auch entspringt jener sittliche Muth, der sie, selbst die weniger heroischen Charaktere unter ihnen, hebt in der Stunde der Gefahr, in Zeiten, da es sich um den Bestand ihrer Herrschaft handelt:

Und setzet ihr nicht das Leben ein,
Nie wird euch das Leben gewonnen sein —

so braust es in jenen reisigen Geschwadern, die hinter dem großen Kurfürsten drein auf die Schweden einstürmen, so spricht herzergreifend der Aufruf des Königs an sein Volk am 17. März 1813. — Und darum schreiten auch die Besten unter ihnen so wacker stracks nach dem Ziele hin, das schon dem ersten und einem seiner Söhne fast greifbar nahe gestanden hatte: die höchste Krone, die es in Deutschen Landen giebt, sich aufs Haupt zu setzen, und Deutschlands Macht, mit Ausschließung aller wälschen Anliegenschaft, allein auf sich selbst zu stellen.

Selbst wenn in den dunkelsten Zeiten unserer Geschichte das Ideale ganz und gar in Deutschen Fürstenseelen zu erlöschen, bleibt noch bei uns im Norden ein tröstlicher Schimmer. Erglänzt er auch nicht auf dem Haupte des Regierenden, so doch an dem Sohne, oder es flüchtet sich das Ideale in die Frauengestalten und rettet sich so zur nächsten Generation hinüber. So selbst in der trostlosen Zeit des großen Krieges. Da sitzt die blasse Rathlosigkeit auf dem Kurfürstenstuhle, der gleißende Verrath steht als Minister daneben; aber dort in Holland, im Lager vor Breda erstarkt der Fürstenjüngling, ein gesundes Reis, sittenstreng in einer verführerischen Umgebung, und der große Oranier preist das Volk glücklich, das diesem

Jünglinge einst anvertraut sein wird. Zu Ende des 18. Jahrhunderts geht das Reich unaufhaltsam seiner Auflösung entgegen. Die deutschen Fürsten unterhandeln mit dem mächtigen Landesfeinde und suchen eigennützig zu einer neuen Lage der Dinge Stellung zu gewinnen. Hier am Hofe zu Berlin umdrängt Frömmelei und Scheinheiligkeit einen schwachen König, und unter der Maske idealer Zwecke treibt der grobe Materialismus sein ärgstes Unwesen. Aber da spielt dort am Ufer der Havel eine Fürsten-Idylle, die uns an die Zeiten des Alkinoos, der Nausikaa erinnert: ein schlichtes Elternpaar erzieht seine Kinder in Unschuld und evangelischer Gottesfurcht; dort erwächst ein Königskind, dessen Geburtstag ein Festtag für Alldeutschland geworden ist.

Das Gepräge dieses i h r e s Idealismus haben die Hohenzollern ihrem Werke, dem preußischen Staate, aufgedrückt. Freilich, es gab eine Zeit, liebe Schüler, da liebte es eine Rotte, die alles verlästerte, auch über die Hohenzollern abzusprechen: sie haben, so hieß es, samt ihrem preußischen Staate für die idealen Interessen des deutschen Volkes wenig gethan. Kunst und Literatur haben bei ihnen selten eine Heimat gefunden. Heute allerdings ist dieser Tadel verstummt, und das Lob der Menschen wird entbehrlich, da Götterbilder heraufsteigen, dort in dem classischen Gefilde von Olympia dem Schooße der Erde enthoben, und von der Fürsorge zeugen, welche unser Herrscherhaus den idealsten Interessen der Menschheit widmet. Aber es bedarf auch dieses Hinweises auf die Gegenwart keineswegs, um vor tadelfrohen Blicken Mängel der Vergangenheit zu verdecken. Wohl uns, dürfen wir antworten, daß die Ahnen unseres Kaisers nicht zu d e n Idealisten gehört haben, die den Schein dem Wesen vorziehen, daß i h r Staats-Ideal einem berufstreuen, praktischen Fürstensinne und Gewissen entstiegen ist.

Einer der größten Denker, die unsere Nation im vorigen Jahrhundert hervorgebracht hat, ein Mann, den halbwissende Schwätzer allerdings auch gern eines falschen politischen Ideals bezichtigt haben — er war von Geburt ein Preuße und Unterthan Friedrichs — hat in einem bedeutungsvollen Momente es ausgesprochen, es sei kein Glück für einen Staat, wenn sein Regent, wie weiland Salomo, zu reden wisse von der Ceder auf Libanon bis zum Ysop, der an der Mauer wächst — kein Glück; ja es könne ein Unglück daraus kommen, wenn er ein Verdienst darin erblicke, in weisen Räthselreden mit den Gelehrten, oder gar mit den witzigen Königinnen seiner Zeit zu wetteifern. Das alles frommt seinem Volke nicht, es ist ein Tand, dessen er sich entschlagen muß. Ein durchdringendes, wachsames Auge, ein klarer Verstand, ein treues Herz, ein starker Wille, ein starker Arm — das giebt einen ächten Fürsten und Landesvater. Das sprach ein patriotischer Mann, mit beredtem Munde; er sprach es in der Hauptkirche zu Weimar, vor fürstlichen Eltern — ihre Namen haben den besten Klang in der Geschichte der deutschen Dichtung: Karl August und Luise — er sprach es, als ihnen ein Sohn geboren war, der Erbherzog Karl Friedrich, der Vater unsrer Kaiserin. Es war Johann Gottfried Herder, der den Muth hatte, sehr gegen die Meinung seiner Zeitgenossen, also zu reden.⁵ Auch ihm, dem Geschichts-Philosophen der Deutschen, „schwollen der Geschichte Fluth auf Fluthen", und so sah er auch im Geiste jene Wellen steigen, fallen und verrinnen, die Salomos stolzes Königsschiff getragen. Er sah das Ende der salomonischen Herrlichkeit: Luxus und Götzendienst und Weiberregiment im königlichen Hause, Parteiung und Anfang der Revolution im Volke. Das gleiche hatte er mit eigenen Augen zwanzig Jahre vor dem Ausbruch des Sturmes in Paris gesehen⁶, er sah und erfuhr es an der polnischen Republik und auch im Reiche hie und da — was an den Prachtliebenden, mit dem Cultus der Kunst und Schönheit prahlenden Höfen sich vorbereitete, unter dem Flitter der Hoffeste sich kaum verbergen ließ: Lockerung der guten Sitte, Versinken in frivole Freigeisterei, Rückfall in alten Aberglauben — und draußen die verbissene Wut eines darbenden Volkes: zierlich beschnittene Laubgänge und Lauben voll Duft ausländischer Gewächse, üppige Beete und Matten; aber die Natter lauerte im Grase. Da wandte sich der Blick des Mannes, der sich für diese wichtigsten Angelegenheiten den nüchternen Sinn eines Preußen der Fridericianischen Aera bewahrt hatte, nach Norden, der Heimat zu, und vor seinem Auge stand ein Bild von Unterthanenglück und Herrscherweisheit, von Gewerbfleiß, Ordnung und Wohlstand.

Unsere Augen aber sahen noch ein anderes Bild, es wird uns unvergeßlich sein, wir werden nicht müde werden, es zu beschreiben. Da zogen mit klingendem Spiel, in gleichem Schritt und Tritt gewaffnete Schaaren zu Fuß, zu Roß am Hause des Königs vorüber, nach Westen ging es zum ernsten Waffentanze. Auf die Rampe des Schlosses trat der Kriegsherr, ihn grüßten die Fahnen, die Standarten, er begrüßte, er musterte seine Schaaren; manchmal bot er den Führern die Rechte zum Abschiede, sie aber beugten sich nieder vom Rosse auf des Königs Hand — fürwahr

Ein königlicher Anblick war's, ob dem
Die Thräne rollt' in manchen Mannes Bart.

Vor hundert Jahren bot sich einem Deutschen, der vom Weimarer Hofe hierher nach Berlin gekommen war, ein ähnliches Schauspiel. Er schrieb darüber in einem Briefe, und ich lese euch vor, was er schrieb:

„Es ist ein schön Gefühl an der Quelle des Krieges zu sitzen in dem Augenblicke, da sie überzusprudeln droht. Und die Pracht der Königsstadt, und Leben und Ordnung und Ueberfluß, das nichts wäre ohne die tausend und tausend Menschen, bereit für sie geopfert zu werden. Menschen, Pferde, Wagen, Geschütz, Zurüstungen, es wimmelt von allem."

Der das schrieb, liebe Schüler, er wußte um Ideales und Reales und was damit zusammenhängt, besser Bescheid, als irgend ein Deutscher vor ihm und — bis heute wenigstens — nach ihm. Goethe ist es.[7] Und wir wollen, um uns zu waffnen gegen die Zungendrescherei eitler Schwätzer, doch das eine Wort recht fest halten:

„das alles nichts wäre ohne die tausend und tausend Menschen, bereit für sie geopfert zu werden" —

oder, wie es heute schöner bei uns lautet: „bereit sich für sie aufzuopfern". Denn nicht der äußere Wohlstand bloß, auch die schönsten Blüten der Kunst, die reifsten Früchte der Wissenschaft, sie gedeihen nur an dem vollkräftigen Stamme eines in fester Wehrkraft begründeten nationalen Bewußtseins, an einem Stamme, der auch einer gewaltsamen Erschütterung zu trotzen vermag.

In gesundem Anschauen begriff Goethe damals den Geist der preußischen Monarchie, den festen und einfachen, und in seiner Festigkeit und Einfachheit großartigen, auf das Wesentliche und auf das Höchste gerichteten Geist. Und als nachmals, kraft dieses Geistes, der Staat sich emporrang aus Drangsal, Erniedrigung, Knechtung, und mit sich das gesammte Deutschland wieder emporriß, da schrieb er, den leitenden Staatsmann, und den Staat zugleich charakterisirend, die Zeilen:

> Freier Geist in Erdeschranken,
> Festes Handeln und Vertrauen."

III.

Und dieser freie, das ist wahrhaft ideale Geist, der sich der Erdeschranken, der zum Heil des Ganzen den Einzelnen einschränkenden gesellschaftlichen Ordnung bewußt bleibt, dieser Geist festen Handelns und festen Vertrauens auf das Recht, auf die eigene Kraft, auf den Sieg des Guten — das war allezeit, und ist, im Herzen der Besten, auch heute noch der Geist unsres Volkes. Unverwüstlich auch in rauher, schwerer Zeit. Als noch weit und breit über den deutschen Landen die Schatten der jammervollen Kriegszeit lagen, da kündigte im Osten das Lied der Königsberger Nachtigall den Morgen an, das Lied, das Simon Dach von der Treue sang:

> Der Mensch hat nichts so eigen,
> So wohl steht nichts ihm an,
> Als daß er Treu erzeigen
> Und Freundschaft halten kann.⁹

Noch „fuhr" ja damals, wie einst in den Tagen Herrn Walthers von der Vogelweide, und wie immer in Zeiten des nationalen Zwistes und des Unglücks, „Untreu auf den Straßen"; aber im Herzen des Volkes hatte die Treue doch ein Plätzchen behalten, und es war, als ob aus dem Herzen des Volkes selbst dieser Preis der Treue gesungen wäre. Denn als ein Volkslied hat es weiter geklungen, und wie ein Volkslied noch nach hundert und mehr Jahren mit seiner schlichten innigen Weise neue Lieder der Treue erzeugt. Da wacht es bei Goethe[1] wieder auf im Bundesliede:

> In allen guten Stunden,
> Erhöht von Lieb und Wein,
> Soll dieses Lied verbunden
> Von uns gesungen sein — —
> Uns wird es nimmer bange,
> Wenn alles steigt und fällt,
> Und bleiben lange, lange!
> Auf ewig so gesellt!

Und bei dem edeln zarten Novalis, dem frommen ritterlichen Schenkendorf[11] klingt es weiter:

> Wenn alle untreu werden,
> So bleib' ich dir doch treu,
> Daß Dankbarkeit auf Erden
> Nicht ausgestorben sei. — — —
>
> Ihr Sterne seid mir Zeugen,
> Die ruhig niederschaun:
> Wenn alle Brüder schweigen
> Und falschen Götzen traun,
> Ich will mein Wort nicht brechen
> Und Buben werden gleich,
> Will predigen und sprechen
> Von Kaiser und von Reich.

Auf diesem Boden der Treue erwachsen die Eigenschaften unseres Volkes, die seinen ächten Idealismus ausmachen, sämtlich, und so auch jene Familientreue, an die ich euch erinnert habe. Denn das Bild derselben, einer kümmerlichen Existenz, die doch selig ist in der Hoffnung auf die nächste Generation, das findet ihr auch heute noch viel häufiger daheim, als bei unsern romanischen Nachbarn im Westen und Süden, deren Sinn mehr als der des Deutschen auf den Genuß der Gegenwart gestellt ist. Im geistigen Leben unsres Volkes aber hat dieser Idealismus leuchtende Spuren hinterlassen. Da

erinnere ich euch an die Gestalten der Frühvollendeten in der
Geschichte unserer Literatur. Nur ein Jahrhundert, das letzte,
laßt uns überschauen. Von Brawe an, dem jungen Freunde
Lessings, dem talentvollen Dramatiker, und von Thomas Abbt
an, dem ersten namhaften Schriftsteller, den das Schwabenland
sendet, der in den Staaten des großen Königs sich ein Vaterland sucht, und „Vom Tode für das Vaterland" schreibt, bis
zu Körner, der den Tod für das Vaterland stirbt, welch eine
edle Schaar; und noch weiter bis zu dem Jünglinge, der euch
das Reiter-Lied sang:

Morgenroth, Morgenroth!
Leuchtest mir zum frühen Tod.

Ja das Morgenroth der Begeisterung leuchtete ihnen auf Wangen
und Schläfen, und die Morgensonne des Ruhmes ging ihnen
glänzend auf. Der Mittag fand sie nicht mehr. In rastlosem
Aufstreben nach dem Höchsten setzten sie ihre volle jugendliche
Kraft ein, sie konnten nicht anders; denn sie waren bei den
Alten ja in die Schule gegangen, und Homer hatte sie gelehrt

Αἰὲν ἀριστεύειν καὶ ὑπείροχον ἔμμεναι ἄλλων —

und früh hatten sie ein strenges Wort gelesen, das Wort:

Summum crede nefas, animam praeferre pudori
Et propter vitam vivendi perdere causas.

Dem Leben zu Liebe das was das Leben erst werth macht,
aufzuopfern, an ihrer Lebensaufgabe sich zu versündigen, das
hielten diese Edeln für das summum nefas, für die äußerste
Gottlosigkeit.

Und so ist auch unsere Literatur selbst in ihren edelsten
Erscheinungen allezeit ein Abbild dieses Geistes gewesen. Wie
unbewußt, ja manchmal widerwillig fast, leihen unsere Dichter
den historischen Gestalten, die sie in ihrer Phantasie umbilden,
hohe sittliche Ziele. Dem gewaltthätigen Kriegsfürsten Wallen-
stein giebt Schiller ein „königliches Gemüth," dessen innerster
Drang darauf gerichtet ist, „über die gemeinen Häupter der
Menschen hinwegzuragen," dessen letzte Ziele, wenigstens neben
dem Gewinn königlicher Macht und Ehre, Friede und Reli-
gionsduldung sind. Und so noch in unsern Tagen. Vielleicht

das beste Werk der Dichtung, das wir erscheinen sahen, das edelste jedenfalls — das uns in der Geschichte eines wackeren Geschlechts eine Geschichte der Deutschheit,[12] der deutschen Sinnesart zu geben versucht, und schon deshalb wird es über die gemeinen Häupter der Tagesliteratur auf lange Zeit hinwegragen — welches ist denn der Familienzug, der in der Reihe dieser „Ahnen," dieser „Könige" die ächte, deutsche Abstammung gewährleistet? Königlich ist das Gemüt dieser regum progenies, nach dem denkbar Höchsten streben sie alle, darin suchen sie sich zu erhalten, streben und erhalten sie sich aus den reinsten Motiven, mit den reinsten Mitteln, dafür sterben sie, wenn sie anders ihre Zusammengehörigkeit mit diesem Hohen, Edeln nicht mehr bewahrheiten können.

Aber ihr fragt mich vielleicht: Wie? du weisest uns immerfort an die Höchsten und Edelsten, die Könige des Landes, die Herrscher auf geistigem Gebiete, zu denen wir bewundernd emporschauen. Wir haben ihres Geistes einen Hauch verspürt, aber wir wissen nicht, ob wir ihres Geistes ein Teil empfangen haben.

Und ich antworte euch: Ihr dürft dessen gewiß sein, dafern ihr euch als deutsche Knaben, deutsche Jünglinge fühlt, und wünscht und hofft, daß deutsche Männer aus euch werden. Jenes Lied von der Treue, als ein echtes Volkslied war es wie von der Seele des Volkes gedichtet. Es ist noch heute ein Köstliches in dem Wesen unseres Volkes, daß es singt, Lieder des Herzens singt. Aber wenn einer auch nicht sänge, jeder spricht mit Lust seine Muttersprache, jeder arbeitet, jeder übt Tag für Tag seine — Pflicht. Seine Pflicht; was heißt das Wort? Da belauschen wir wieder einmal einen schönen Zug der Deutschen Volksseele. Was die Römer ein officium d. i. opificium, eine Werkthätigkeit, was die Griechen ein δέον, ein Gebot der harten Nothwendigkeit nannten, das nennen wir eine Pflicht, einen Gegenstand der Pflege, d. i. der sich liebevoll hingebenden Gewöhnung. Was dem Alltagsmenschen am sauersten fällt, das benennt er doch noch mit dem liebsten

Namen. Und so leben wir Tag für Tag von dem „lieben Gut" — wie unser Volk sein tägliches Brot nennt — für eine „liebe Last." Ich will nicht glauben, daß ihr diese Deutung für ein Spiel mit der Etymologie haltet. Sonst mögt ihr es auch dem alten Goethe glauben, der in
„strenger Pflichten täglicher Bewahrung"
das höchste irdische Glück des Menschen erkannte. Er sagt ausdrücklich, gewiß ohne an die Etymologie zu denken, und er bekämpft damit still den spröden Pflichtbegriff eines großen Philosophen — er sagt in seinen „Sprüchen in Prosa": „Wo man liebt, was man sich selbst befiehlt, da thut man seine Pflicht." [13]

Sprache und Geist eines Volkes, das ist wie Körper und Seele; ja wenn ein Volk gestorben ist und seine Sprache nicht mehr lebendig tönt, da ist seine schriftliche Hinterlassenschaft — das merkt ihr an den beiden classischen Sprachen, die ihr treibt — gleich einem zarten, lichten Alabastergefäß, in welchem die Asche desselben wie mit dem Schimmer des Lebens weiter glimmt. Wir aber leben, wir arbeiten und singen und sprechen, und so lange wir leben, wollen wir uns unsrer Könige, unsrer Dichter, unsrer Denker, und aller derjenigen, die auf den Höhen unsres Volkstums wandeln, mit Freuden als der unsrigen rühmen, und das, was uns mit ihnen verbindet, hoch halten:
„Dies ist unser, so laßt uns sprechen, und so es behaupten."
Aber nicht rühmen bloß und hoch halten, nein üben in uns und hegen. Einmüthig sein mit ihnen, das heißt eines Gemüthes, eines Sinnes sein. Den Idealismus des Gemüths, den auf das Hohe gerichteten Sinn, der sich kund zu geben hat in sittlichem Thun, den besitzt auch ihr als ein Erbgut, und uns, euren Lehrern, liegt die selige Pflicht ob, diesen göttlichen Funken in euren Seelen zu bewahren, ihn anzufachen zu reiner Flamme. Aber wir vermögen nur wenig, wenn ihr nicht überall eurer Pflicht selbst eingedenk seid. Nicht auf euren Lippen sollt ihr das Wort tragen, das ich heute, als an einem Feiertage, öfters gebraucht habe,

es ist ein heiliges Wort, und auch solche Namen entweiht man, so man sie unnütz führt. In euren Herzen hegt es, und nährt es, als die Seele eurer Seele, mit dem edelsten und besten, was ihr hört und leset. Sehet mit offenen, klaren Augen um euch, erfreut euch an den Denkmälern der letzten Vergangenheit, die euch hier, im Mittelpunkte des Reiches, herrlich umstehen, stärkt euer Gemüth an den großen Beispielen der vaterländischen Geschichte, an den großen Beispielen des Altertums. Und dann, und vor allem, arbeitet, habt die Pflicht lieb, übt euch in allen Künsten des Friedens, aber verbannt allen Sinn der Weichlichkeit, der Eitelkeit, der Unmännlichkeit. Ihr lebt in einer großen, ernsten Zeit, reift einer vielleicht noch ernsteren entgegen. Sei es unserem Volke gegönnt, noch lange in friedlichem Werke, in friedlichem Wetteifer das Wesen der Deutschheit zu bewähren. Aber wenn dereinst Gefahren herauf ziehen sollten, von wo sie sich auch immer erheben mögen — auch dann seid eurer Pflicht eingedenk. Dann erhebt euch, die Jugend des jugendlichen Reiches, eine gewappnete Schaar, geweihet durch die Macht des sittlichen Ideals, dann schaart euch um das reine, sturmfeste Panier der Zollern, dann bildet eine lebendige Mauer um euren Kaiser und um die Seinen, einen undurchbrechbaren Wall — wehrhaft, standhaft, sieghaft. Das walte Gott!

3.

Von Deutscher Art.

Aus Herders Papieren.

> Bringt mir Kränze zum Feste!
> Herder (1785).

1.

Germanien.[1]

Deutschland schlummerst Du noch? Siehe, was rings um Dich,
  Was Dir selber geschah. Fühl' es, ermuntre Dich,
    Eh die Schärfe des Siegers
      Dir mit Hohne den Scheitel blößt!

5 Deine Nachbarin sieh, Polen, wie mächtig einst,
  Und wie stolz! o sie kniet, Ehren- und Schmuckberaubt
    Mit zerrissenem Busen
      Vor drei Mächtigen, und verstummt.

Ach, es halfen ihr nicht ihre Magnaten, nicht
10   Ihre Edeln, es half keiner der Namen ihr,
    Die aus tapferer Vorzeit
      Ewig glänzen am Sterngezelt.

Und nun, wende den Blick! Schau die zerfallenen
  Trümmer, welche man sonst Burge der Freiheit hieß,
15   Unzerstörbare Nester;
      Ein Wurf stürzte die Sichern hin.

Weiter schaue. Du siehst, ferne in Osten steht
  Dir ein Riese; Du selbst lehretest ihn, sein Schwert,
    Seine Keule zu schwingen.
20   Zorndorf probte sie auch an Dir.

---

1) Das Manuscript, eine Copie von Caroline Herders Hand, welches für den ersten Druck (Adrastea 6, 152—155. 1803/4) benutzt worden ist, liegt dem hier gegebenen genaueren Abdruck zu Grunde.

Schau gen Westen; es droht fertig in jedem Kampf,
Vielgewandt und entglüht, trotzend auf Glück und Macht
Dir ein anderer Kämpfer,
Der Dir schon eine Locke nahm.

25 Und Du säumetest noch Dich zu ermannen, Dich
Klug zu einen? Du säumst, kleinlich im Eigennutz,
Statt des Polnischen Reichstags,
Dich zu ordnen, ein mächtig Volk?

Soll dein Name verwehn? Willt Du zertheilet auch
30   Knien vor Fremden? Und ist keiner der Väter Dir,
Dir dein eigenes Herz nicht,
Deine Sprache nicht alles werth?

Sprich, mit welcher? o sprich, welcher begehrtest Du
Sie zu tauschen? Dein Herz, soll es des Galliers,
35   Des Cosacken, Kalmucken
Pulsschlag fröhnen? Ermuntre Dich.

Wer sich selber nicht schützt, ist er der Freiheit werth?
Der gemahleten, die nur ihm gegönnet ward.
Ach die Pfeile des Bündels!
40   Einzeln bricht sie der Knabe leicht.

Höfe schützen Dich nicht; ihre Magnaten fliehn,
Wenn kaum nahet der Feind; Inful und Mitra nicht.
Wirf die lähmende Deutschheit
Weg, und sey ein Germanien!

* * *

45 Träum' ich, oder ich seh welch einen Genius
Niederschweben? Er knüpft, einig verknüpfet er
Zwei germanische Freundes=
Hände, Preußen und Oesterreich.

Die Ode, poetisch nicht höher zu stellen als des alternden Klopstock politische Lyrik, ist als ein Zeugniß von Herders Patriotismus und politischer Einsicht — die ihn als deutschen Mann hoch über das aesthetische Weimar seiner Tage erhebt — von großer Wichtigkeit, und in diesem Sinne hat ihr H. Baumgarten in den Preußischen Jahrbüchern 1872, XXIX, 143 fg., der sie aus den Augen einer neuen Zeit betrachtet, alles Recht widerfahren lassen. Zu ihrer Erklärung sind bis jetzt nur schwache Versuche gemacht worden, wie denn überhaupt die schöne Interpretationsregel, die Herder in den „Christlichen Schriften" selbst gibt, einen Schriftsteller solle man aus ihm selber erklären, auf Herder noch wenig Anwendung gefunden hat.

Ich setze die Ode in das Jahr 1798. In der vierten Strophe wird — jede andere Erklärung scheint mir unmöglich — auf die Gewaltacte hingedeutet, welche das Directorium zu Paris gegen die Schweiz anordnete. Die republicanischen Heere rückten Anfang Februar 1798 in die westlichen Cantone ein. In Herders Correspondenz mit Georg Müller in Schaffhausen werden die politischen Umwälzungen, welche die Schweiz erfuhr, mit lebhaftem Anteil besprochen (S. 148—155 a. a. O.) und Deutschlands politische Lage mit derjenigen der Schweizer mehrmals in Parallele gesetzt. „Dauern sie aus, schreibt Herder an seinen jungen Freund, stehen Sie standhaft auf Ihrer Pflicht, in Ihrem Wert; dienen Sie Ihrem Vaterlande mit Rath und That; Gott wird es segnen. Nie noch ist ein Volk untergegangen, das sich mit Vorsicht und Klugheit edel betrug, standhaft war und auszuharren wußte. ... Mein Gemüth ist sehr niedergeschlagen über alles was geschieht, und sehr bekümmert über das was geschehen wird; denn allenthalben ist nur noch der Anfang des Spiels, der zweite, höchstens der dritte Act. Der alte Regierer der Dinge möge und er wird alles zum Besten lenken. Er fordert von uns hohe Tugend. Laßt uns dazu uns rüsten." — „O Ihr (Schweizer) habt Euren Theil empfangen; unsre Rechnung steht uns bevor, quo lentior eo gravior." Es war aus Herders Seele gesprochen, was der alte Preußische Grenadier (der damals „Schweizerische Kriegslieder" dichtete) am 31. März nach den ersten Schreckensnachrichten aus der Schweiz schrieb: „Ihr junge Menschen, welche Greuel könnt ihr noch erleben! Die letzten Schweizerischen haben mir seufzende Tage gemacht! Schändlicher kann nichts sein, als wenn ein Hirtenvölklein von einem großen Volke bezwungen wird. Die armen Schafe, die vom Wolfe zerrissen wurden!" (Von und an Herder I. 239). Der „Anfang des Spiels", das die Franzosen übermüthig genug trieben, war damals in Rastadt gemacht. Es gieng dort nicht anders zu, als auf einem „polnischen Reichstage". (V. 27). Den Deutschen wie Besiegten „mit Hohne den Scheitel zu blößen" (V. 3. 4) machten sie damals schon Miene. Am 29. Juni 1798 macht Herder in einem Briefe an Gleim, fast den einzigen politischen Gesinnungsgenossen, an den er sich wenden kann, seinem Herzen Luft: ,Wo sind wir, welchen Zeiten sehen wir entgegen?' Verachtet! Verachtet! — es fehlt wenig, daß man den Rheinanwohnern nicht die Haare abschneidet. ‚O Friedrich Wilhelm, Friedrich Wilhelm o!' Den II. mein' ich [wegen des Separatfriedens zu Basel], nicht diesen." Damals, bis zum Ausbruch des Krieges der zweiten Coalition mit Frankreich (1799) hofften die Deutschgesinnten, Preußen werde mit Oesterreich gemeinsam gehen. (B. 45—48;

an und für sich bietet die letzte Strophe einer zeitlichen Bestimmung geringen Anhalt. Die schmachvolle Flucht der Fürsten, der geistlichen zumal aus der Pfaffengasse am Rhein beim ersten Einbrechen der Franzosen war noch in frischem Gedächtnisse. (V. 41 42.)

„Was rings um dich, was dir selber geschah" — hat Herder in einem andern politischen Gedichte mit Schärfe und Schmerz ausgesprochen. Es trägt die Ueberschrift „Coalition" und bietet sich in der Form eines politischen Disputs. Nachweislich wurde es zu der Zeit der ersten Coalition für die „Humanitätsbriefe" gedichtet. In der handschriftlichen, viel stärker politisch gefärbten Redaction dieser Sammelschrift ist es in den 121. Brief eingeflochten. Durch den Verlauf der großen politischen Ereignisse und die Rücksicht auf seinen Landesherren ließ sich Herder bestimmen, das Gedicht längere Zeit zu secretiren.

Zu V. 5—8 der Ode bietet es die Parallele:

Das arme Polen
Warum denn ward's zertheilt? Es war mit sich
Nicht coalirt; drum schnitt man es entzwei,
Nun wachsen seine Stücke neu und frisch
Zusammen durch die Cur der Sympathie.
Das große Deutschland (warum liegt es doch
So nah an Polen?)

Zu V. 24 die Stelle:

Vor wenig Jahren waren Hennegau
Und Flandern flämisch, Lothringen war deutsch;
Und jetzt ist bis zur letzten Station
Alles französisch, um- und umgewandt,
Belleibet, neugeschaffen, coalirt.

Den Schmerz über den Verlust des Elsaß spricht Herder auch im Leben Balde's aus (1796). „Dieses schöne Land gehörte damals noch zum Deutschen Reiche. Erleben mußte es der Dichter, daß dies Land vom Deutschen Vaterlande abgerissen, eine Französische Provinz ward."

V. 14. Die „Burge der Freiheit" (die alte starke Pluralform gebraucht Herder bisweilen auch in seiner spätesten Prosa so gleich zwei Mal Adrastea VI, 211), die „unzerstörbaren Nester" erinnern an „die Berge — das Haus der Freiheit" in Schillers Tell (I, 3) und weisen auf dieselben Quellen: Johannes Müllers Geschichte der schweizerischen Eidgenossenschaft, oder Scheuchzer, dessen Name mir in Herders Collectaneen vor Augen gekommen ist. „Unsere Festungen, innert welchen wir ruhig schlafen, sind unsere hohen Gebirge . . . . und beschützen innert dieser unserer Mauern unsere geist- und leiblichen Freiheiten sowohl unter und gegen einander als gegen fremde Potenzen." V. 15 schließt die Annahme einer bloß figürlichen Bedeutung (wie E. M. Arndt z. B. von der „Freiheitsburg Altengellanb" redet) völlig aus..

V. 43 die „lähmende Deutschheit" findet durch die Bemerkung 12 auf Seite 56 dieses Büchleins ihre Erklärung. Den Zuruf „Sei ein Germanien!" (V. 44) versteht man nur, wenn man sich der Neigung zu etymologischem Grübeln erinnert, der Herder im Ernst und im Scherz bis zur Unart nachgiebt. Sie steckt tief in seiner Natur und bildet im Formalen, Wörtlichen die Ergänzung zu seinem Triebe nach genetischer Betrachtung aller Erscheinungen in der Natur wie in der Geschichte. „Sei was Dein Name besagt!" soll der Zuruf sagen. Es ist ein altes Spiel mit den Worten germanus, Germanus. Schon Flemming kennt es, indem er Deutschland das Land nennt:

— von dem man muste singen,
Daß es Gebrüder Blut und alle Männer sehn.

Er erleichtert aber seinen Lesern das Verständnis durch die Anmerkung: „Welches das Lateinische Germanitas i. e. Fraternitas s. communio Fratrum, Brüderschafft, andeutet." (Gedicht aus dem Jahre 1631 An Johann Georgen, Herzogen zu' Sachsen, veröffentlicht von Wendelin von Maltzahn im Archiv für Deutsche Sprache und Dichtung 1873 S. 450. 451. Daß Herder nichts anders, als diese etymologische Ausbeutung im Sinne hat, beweisen mehrere ziemlich gleichzeitig geschriebene Stellen. In der Adrastea 5,289 sagt er: „Allenthalben standen Deutsche mit und bei einander, und nannten es Bund. Alle für Einen, Einer für Alle; der Name German u. a. deuten auf nichts anders." Und in der Vorrede zu Majers Culturgeschichte der Völker" (1798): „Sollte uns nicht die jetzige Zeit selbst mit gewaltiger grausamer Hand auf uns zurückdrängen, uns zurufend: ‚Lerne Dich selbst kennen! Denn Andre kennen und mißbrauchen Dich. Requirire Dich, damit Du nicht requirirt werdest!' Und was führte dazu mehr als historische Untersuchungen dessen, was unsre Väter waren, wir vielleicht nicht mehr sind, vielleicht nie mehr — doch das sei ferne! Wir sind, was wir sind; unter gegebenen Umständen kann unser Charakter sinken, unsre Natur aber können wir nie vertauschen. Die gedrückte elastische Kraft wird deshalb nicht unterdrückt; sie hebt sich empor, und der Druck selbst war ihr nöthig. In keinem Verhältniß wollen wir die reine Germanität, d. i. Treue und Einfalt mit Anhänglichkeit und Muth verbunden, aufgeben. Der Name German, germanischer Charakter behauptete sich unter den Römern selbst rühmlich." Gewaltige und prophetische Worte, Vorklänge der Schriften und Reden eines E. M. Arndt und Fichte! — Sie athmen denselben Geist, der den patriotischen Dichter — sein Saitenspiel hieng, wie er selbst sagt, an den Weiden am Rheine — gleichzeitig zum Strafprediger seiner Nation macht. Immer warnender tönen seine Worte: „In einer Zeitenkrise, wie die unsrige ist, wo dem in Ohnmacht gesunkenen, sein Schicksal erwartenden Deutschland so mancher eingeborne Deutsche in ausländischen Phrasen Hohn spricht, kommt ja wohl ein Buch recht, das ... die Geschichte aufruft zu sagen: „Das waren und wollten wir ... das haben wir geleistet!" So in der Anzeige von Schlözers Geschichte von Siebenbürgen (1798. Erfurtische Gelehrte Anzeigen); zuletzt (1799) drohend und grollend, in der Vorrede der Metakritik: „Auswärtige Nationen höhnen uns: Ihr Deutsche ... ungewordene Nation, an wie andere Dinge solltest du denken!" In unserer Ode aber halten sich patriotische Entrüstung und Hoffnung noch die Wage, ja der Wunsch, Preußen und Oesterreich geeint zu sehen (ein Hauptartikel in Herders politischem Credo) kleidet sich noch in das Gewand einer der Erfüllung nahen Hoffnung.

2.
(Denkmaale. Deutschlands Ehre.)[1]
Strophe 13–18.

– – – – Den Adler preise,
Der mit mächtigen Klaun die Hyder faßte,
Luther finge der Welt; und vor und mit ihm
    Viele verfolgte

5 Weisen; süßer Melanchthon, Dich vor allen,
Dich, der glühenden Sonne sanfter Solger,
In stillwachsendem Glanz; so stralet Luna
    Unter den Sternen.

Eure Namen, die ihr die Welt umfaßtet,
10 Eure Namen, Copernikus und Kepler,
Stehn am Himmel; und mit den Zwein ein dritter
    Güldener Name,

Leibnitz. Manche der Edeln möcht' ich nennen,
Lambert, Haller und Kleist, und Nathan-Leßing,
15 Auch den Lebenden, der am Belt den Rand maß
    Aller Gedanken.[2]

Aber schweige mein Lied; bis einst die Sonne
Neu aufglänzet, (sie ging mit König Friedrich
Unter;) singe du dann den Mann und Helden
20   Neuer Geschlechter![3]

Der, wenn Jupiter hoch am Himmel donnert
Und mit Blitzen die Lüfte reinigt, unten
Nur ein Hirte regiert, der Menschenbrüder
    Vater und Wächter.

---

1) Die Ueberschriften rühren von Caroline Herder her, welche das Stück in das Dritte Buch der von ihr gesammelten und geordneten Gedichte Herders (1817. I, 261) aufnahm. Die Varianten, welche ich beifüge, sind der ältesten im Msc. erhaltenen Gestalt entnommen.
2) den Lebenden, der an Deutschlands Grenze ‖ Raube des Geists maß.
3) singe du dann die Morgenröthe ‖ Unserer Nachwelt.

Die Ode folgt dem Gange von Horat. C. I, 12. In den ersten Zeilen („Welchen Helden und Mann des Vaterlandes Willt du singen o Saitenspiel') schließt sie sich indessen mehr an das Urbild des Horazischen Heroen-Katalogs, Pindars zweiten olympischen Siegsgesang an, der in Herders eigener Uebersetzung so anhebt: „Citherbeherrschende Hymnen! welchen Gott, Welchen Helden, welchen Edlen singen wir?' Gedichtet muß sie sein zwischen 1787 und 1793. Denn wenn „der Lebende, der am Belt den Rand maß aller Gedanken" (V. 15. 16) Kant ist — und er ist es ohne allen Zweifel — so kann das Gedicht nicht zu einer Zeit entstanden sein, in der die Absicht, Kants System zu bekämpfen bereits bestand, d. h. nicht 1794 und später. Der Heros der Philosophie Kant wird hier gefeiert, wie der Borussorum Aristoteles in der ältesten (1791/92), nur zum Teil in den „Erinnerungen' gedruckten Redaktion der Humanitätsbriefe, I. Sammlung. — Herder gebraucht Belt immer von der Ostsee. An seinen von der Leipziger Messe nach Riga heimgekehrten Verleger und Freund schreibt er: „Seid ihr ersoffen, lieber Hartknoch, im Belt oder Pommerschen Haube?" (1775. Von und an Herder 2, 75). So noch Schiller in der Huldigung der Künste bei Erwähnung Peters des Großen: „Die stolze Flottenrüstung seiner Maste Erschreckt den alten Belt in seinem Meerpalaste". Und so scheint das Wort, nach der ursprünglichen Bedeutung „Binnensee' — vgl. Lessing 7, 396 — in unserer Dichtung überhaupt verwandt zu sein, bis durch E. M. Arndts vaterländische Dichtung, besonders durch seine energische Grenzbestimmung: „Von dem Belt bis zum Rheine!" die engere geographische Bedeutung auch für die poetische Vorstellung in den Vordergrund trat. Kant ist also der „Randmesser". So war er schon dem jungen Herder 1763/4 erschienen. „Metaphysik ist eine Wissenschaft von den Gränzen der menschlichen Vernunft" erklärt er 1766. „Rand" aber gebraucht Herder selbst in seinen Prosaschriften: „Dies ist der Rand der Poesie" (1769. Sämmtliche Werke III, 138, 202). Auf das Jahr 1792/3 weist aber auch die schwermüthige Betrachtung der politischen Lage V. 16—19: der Niedergang von Preußens Größe. Friedrich der Große empfängt hier die Huldigung des Dichters, wie Herder als Geschichtsphilosoph und deutscher Patriot gerade in dieser Zeit (1793) zum ersten Male ihm öffentlich huldigt im ersten Teile der Humanitätsbriefe (vgl. Werke IV, 502) — erst jetzt wieder mit rückhaltloser Bewunderung, wie einst als Jüngling bis zum Jahre 1765.

3.
Der Glaube.

Ein Ächtgläubiger, ein Rechtgläubiger und ein Lutheraner kamen zusammen und jedweder rühmte seinen Glauben.

Der Grieche pries seine Theologie, daß sie die subtilste, der Römer die seine, daß sie die weitherrschendste, der Deutsche die seine, daß sie die gründlichste sei. Der erste meinte, daß bei ihm Gott auf das scharfsinnigste, der zweite, daß bei ihm Gott auf das kostbarste, der dritte, daß bei ihm Gott auf das anhaltendste geehrt werde. Einer führte Gründe und Adel, der andre Macht und Alter, der dritte Geduld und Freimüthigkeit für sich an. Sie stritten lange, und es wollte sich kein Schiedsrichter finden.

Man fragte Akademien. Da aber der Erste seine Wißenschaft, der zweite Werke, der dritte Glauben vorschützte, ward des Streites noch mehr, und nichts entschieden.

Indeß schwatzte der erste, der zweite stolzierte, der dritte arbeitete fort;

Bis ein einfältiger Christ auftrat, die Zweifel anhörte und sprach: „Sollte wohl jemanden ein Zweifel obwalten, was beßer sei, ob griechische Schlüpfrigkeit, oder römischer Stolz, oder Deutsche Treu und Glauben?"

* * *

Nach allen äußeren Anzeichen, Format und Beschaffenheit des Papiers und Charakter der Handschrift, ist das Blatt, das ich hier veröffentliche, mit einer Anzahl anderer zu vereinigen, auf denen Uebertragungen der „Gespräche" und „Apologen" Joh. Valentin Andreäs stehen. Die ersten Proben gab Herder im „Deutschen Museum", in Pfenningers „Christlichem Magazin" und in den „Briefen, das Studium der Theologie betreffend", 1778—81, eine größere Anzahl später in den „Zerstreuten Blättern" (5. Sammlung). In der Vorrede der genannten Sammlung (1793) und weiterhin in der gleichfalls darin enthaltenen Abhandlung (II) über diese Dichtungen und dem aus dem Deutschen Museum (1779) aufgenommenen Briefe über Andreä (249—269) ist schönes über den Mann und seine Zeit gesagt. „Von diesem vortrefflichen Manne hatte ich in jugendlichen Jahren eine gute Anzahl Stücke übersetzt. . . . Mein Zweck war es nicht den alten Andreä zu verändern. Ich wählte also aus meinen Papieren nur das, was noch nicht übersetzt war, . . . fand aber bei dieser Auswahl etwas sonderbares zu bemerken. Dichtungen und Gespräche, die in den Jahren 1770 und 1780 ohn' alle Gefährde erschienen wären, fand ich gut, im Jahre 1793 lieber zurückzuhalten, ob sie gleich 1617 oder 20 verfaßt waren; es waren unter diesen treffliche Parabeln und Gespräche. . . . . Vielleicht ist manches jetzt, wie es damals war; nur ists bei uns feiner oder versteckter. Die Decoration ist anders; aber dasselbe Schauspiel wird fortgespielt in einem spätern Act. Diese Vergleichung zu veranlassen, ist die vornehmste Absicht, weßhalb ich diese „Embleme" bekannt mache; selbst auch die Ursache, warum ich sie Parabeln genannt habe. . . . . Andreä sagt in ihnen Wahrheiten, die wir jetzt uns kaum . . . zu sagen getrauen; er sagt sie mit so viel Liebe und Redlichkeit als Kürze und Scharffinn u. s. w." — Das Blatt kommt nun, nach abermals hundert Jahren, noch immer nicht zu unrechter Zeit.

4.

Ein „Wäldchen" erläuternder Anmerkungen.

> In mehr als einer Sprache hat das Wort
> Wälder den Begriff von gesammelten Materien.
>
> Herder III, 188. (1769.)

1.

Die Rede wurde in der „Altpreußischen Monatsschrift" (Herausgeber Dr. Rudolf Reicke) Bd. XIV, 572—584 veröffentlicht, gleichzeitig etwa mit der Enthüllung des Denkmals Friedrichs des Großen in Marienburg (1877). Bei der Durchsicht hat sie mehrere formelle Veränderungen erfahren. Benutzt sind außer den Urkunden im dritten Bande von Preuß' bekanntem Werke über Friedrich den Großen zwei Monographien: M. Beheim-Schwarzbach, Friedrich der Große als Gründer deutscher Kolonien in den im Jahre 1772 neu erworbenen Landen. Berlin 1864. (Mittler und Sohn) VIII, 132; O. Biegon von Czubnochowski, Die Provinz Preußen in ihrer geschichtlichen Entwickelung, Altpreußische Monatsschrift VIII, 2, 118—141. 4, 215—314. An Heinrich v. Treitschkes schönen Aufsatz über deutschen Anbau im Ordenslande klingt manches an; es ist unwillkürlich entlehnt, denn dem Einflusse von Treitschkes Sprache wird sich schwerlich jemand entziehen, der ihn gelesen hat und über einen von ihm behandelten Gegenstand zu reden sich anschickt.

S. 7[1]. Herder, Etwas von Nikolaus Kopernikus Leben, zu seinem Bilde, im Teutschen Merkur 1776, IV, 169—179 (aufgenommen in die erste Gesammtausgabe, Zur Philosophie und Geschichte 13, 56—64) hat zuerst beide Astronomen in Parallele gestellt. „Nikolaus Kopernikus ward in einem Lande geboren, das fast für eine literarische Wüste gilt, zu Thorn in Preußen, den 19. Febr. 1473; und ward in einem Lande erzogen, das fast noch mehr dafür gilt, zu Krakau in Polen. — — Nach seinem System war Schwere die Eigenschaft der Körper, die abzweckte, sie zum Eins, zum Ganzen in sich selbst zu machen; vielleicht ist's ebenso die göttliche Eigenschaft eines Geistes, daß er, totus und ingenuus, bey jedem Geschäft in sich wohne, und nicht in Rauch zerfliege. Wie in diesem, so in mehr Stücken des Lebens sind Kopernikus und sein edler Landsmann und Nacheiferer Hevelius (Hewelke) Brüder. Auch er wohnte so sanft und innig in sich, daß, als seine königliche Bibliothek, Warte, Instrumentenkammer, vorzüglich aber seine und Keplers unersetzliche Manuscripte im Rauch aufgiengen, er herrlich in sich selbst blieb. Wie Kopernikus, so erwachte Hevelius auf seiner ersten Reise außerhalb Preußen, und wie jener so fand sich dieser zufrieden in sein Sarmatien zurück. Was jenem die Malerey war, war diesem das Kupferstechen. Jener ein Baumeister des Weltsystems, dieser der Kolumbus des Mondes, wo er Länder und Königreiche entdeckte, nannte, vertheilte, zwar nicht so glücklich war, als Kopernikus, daß seine Namen in Gebrauch kamen, mit ihm aber ein edler Duumvir seines Vaterlandes (Preußen), mit ihm und Kepler ein ewiges Triumvirat der Astronomie für Deutschland."

S. 12². Goethes Briefe an Frau von Stein 1, 167 fg. „Berlin. Sonntag den 17 (Mai) 1778 Abends. Wenn ich nur gut erzählen kann von dem großen Uhrwerk das sich vor einem treibt; von der Bewegung der Puppen kann man auf die verborgenen Räder besonders auf die große alte Walze $\mathfrak{A}$ gezeichnet, mit tausend Stiften, schließen, die diese Melodien eine nach der andern hervorbringt." Die unmittelbar vorangehenden Sätze werden in der zweiten Rede (S. 31) citirt.

S. 16³. „Den Geist des honneur, der gloire", die National=Eitelkeit hat schon Herder als das Princip des französischen Wesens aus eigener Anschauung (1769) kennen gelernt und mit den hier gebrauchten Worten scharf bezeichnet, wie im „Journal der Reise im Jahre 1769" an mehreren Stellen zu lesen. Sämmtliche Werke, Bd. IV (1878) 413—418. 425—433. 440. 484. Er wiederholt sein Urteil dem Sinne nach unverändert in der „richtenden" Adrastea, der Schrift seines Alters; die wichtigsten Stellen habe ich in den Anmerkungen zu Bd. IV, S. 504 angeführt. Wenn die Rede, die der jüngste „Unsterbliche" bei seiner Einführung in die Akademie am 3. April gehalten hat, wirklich den Wortlaut gehabt hat, der durch die Zeitungen bekannt geworden ist, so hat der Verfasser der Vie de Jésus einen brillanten Beleg dafür geliefert, daß dieser Geist der Eitelkeit auch heute noch der Lebensnerv des Franzosen ist. Renan hat in dem bekannten Briefwechsel mit David Strauß (1870) anerkannt (und hat neuerdings Gelegenheit genommen es zu wiederholen), wie mächtig die Deutsche Bildung und Denkweise in Herders und Goethes Schriften auf ihn eingewirkt hat. Das Reisejournal von Herder hat er schwerlich gelesen und wohl auch nicht die fulminante Epistel gegen den „Nationenruhm" in den Briefen zu Beförderung der Humanität, am Ende des neunten Teils (179—197):

„Bist du, Geliebter, noch so neu und jung
Daß ein Gespenst, der Nationenruhm
Dich äffet und betrübt?

— — —

Dem Menschengeist gehören sie [die Genie's], und nicht
Der Nation. Mir ist es Gräuel, wenn
Der größte Britte Shakespeares sich rühmt,
Als sei Er's selbst. — —

Ihn geschmähet hat
Die Nation durch manche Aefferei
Und blinden Stolz. u. s. w.

2.

S. 23¹. Die Anregung zu diesem Gedanken habe ich einstmals im Gespräche mit meinem seligen Freunde Oskar Jänicke erhalten. Er warf die Frage auf, ob nicht die Worte des Reformationsliedes:

Das Wort sie sollen lassen stahn
Und kein Dank dazu haben —

den Sinn hätten: Und sie (die Widersacher) sollen keinen Anschlag auf das Gotteswort hegen, sie sollen mit keinem Gedanken daran denken dürfen. Der Gedanke verdient eine weitere Prüfung. Jänickes Plan, eine Geschichte und Grammatik unserer Sprache in der Zeit des Ueberganges vom Mittelhochdeutschen zum Neuhochdeutschen zu schreiben, eine Arbeit, zu der seine stattlichen Leistungen auf dem Gebiete des Mhd. und der Dialektforschung überhaupt zum großen Teil sich vorbereitend verhielten, ist mit ihm zu Grabe gegangen. Hier, wo vom dankbaren Gedenken die Rede ist, möge es mir verstattet sein, zu bezeugen, wie viel ich diesem vortrefflichen Manne verdanke. Sein Sterbetag (er starb den 6. Februar 1878) fiel in die Wochen, während deren ich die vorliegende Rede vorbereitete. Die Tage, welche seine Freunde in stiller Trauer um ihn verleben, brachten mir dieses Mal seinen wissenschaftlichen Ernst auch noch von anderer Seite nahe. Im preußischen Abgeordnetenhause war um diese Zeit wieder einmal die Gleichstellung der Realschulen mit den humanistischen Anstalten verlangt und befürwortet worden. Oskar Jänicke ist als Oberlehrer an einer der hiesigen städtischen Realschulen und Professor des. der Universität Freiburg gestorben. An Gelehrsamkeit und wissenschaftlichen Leistungen mag es an höheren Schulen wenige seines Gleichen geben. Er aber kannte nur eine Art der höheren Schule, das Gymnasium. „Charakteristisch tritt in vielen seiner Briefe das Interesse nicht sowol für den deutschen Unterricht an höheren Schulen überhaupt (das er ja in ausgezeichnetem Maße hegte und bewährte), sondern insbesondere für die Bedürfnisse des Gymnasiums hervor..... Daß die Gymnasien nicht bloß aus allgemeinen in der Entwickelung unserer Zeit liegenden Gründen, sondern auch in Folge der Bestimmungen über die Berechtigung zum einjährigen Militärdienst ihrer eigentlichen Aufgabe schwerer als sonst entsprechen könnten, wollte er nicht anerkennen, meinte vielmehr, daß die angedeuteten Inconvenienzen nur durch eine tadelnswerthe Connivenz der Lehrercollegien verschuldet seien. „Ich wäre auch 47 Mal lieber an einem Gymnasium; aber ... der Uebergang wird schwer thunlich sein: man wird jüdische Kaufleute für den einjährigen Dienst erziehend verenden." (1871.) Aehnlich und noch deutlicher in einem Briefe vom J. 1872: „Seibel (Gymnasialdirector in Bochum) wunderte sich von mir zu hören, daß gleich mir die Mehrzahl der Realschullehrer die Realschule haßten wie die Sünde; nur die neusprachlichen machen eine Ausnahme und cum grano salis die Mathematiker." Nekrolog Jänickes in Zachers Zeitschrift f. D. Philol. V, 457—468. Schneidig und freudig, schroff und ehrlich! das war Jänickes Natur. Have Anima Candida!

S. 24². „Es sind lauter Resultate meines Lebens (‚Dichtung und Wahrheit'), und die erzählten einzelnen Facta dienen bloß, um eine allgemeine Beobachtung, eine höhere Wahrheit zu bestätigen. — Ich dächte, es steckten darin einige

Symbole des Menschenlebens." Goethe zu Eckermann 30. März 1831. Ueber den mit dem vierten Bande von D. u. W. gleichzeitig geförderten zweiten Teil der als Fortsetzung von D. u. W. gedachten Ital. Reise äußert Goethe zu Sulpiz Boifferée: „Wie vor Zeiten die älteren Autoren für uns Jünglinge schrieben, so müssen wir für euch Jünglinge schreiben." (Sulpiz Boifferée II, 152.)

S. 25 3. Hettner, Geschichte der Deutschen Literatur II, 421. Von dogmatisch-religiösem ist hier nicht die Rede. Die Kapitel „Heidnisches" und „Katholicismus" in Goethes Schrift „Winckelmann" enthalten alles was von Winckelmanns Verhältnis zum Kirchen-Dogma gesagt werden kann. „Ich betete Gleichnisse aus Homer," sagt Winckelmann (Hettner S. 407). Das mag Goethe vorgeschwebt haben bei der Strophe 4 in Künstlers Morgenlied: Ich trete vor den Altar hin Und lese, wie sich's ziemt, Andacht liturg'scher Lection Im heiligen Homer.

S. 29 4. A. Kluckhohn, Luise Königin von Preußen. Berlin 1876. S. 9.

S. 30 5. Zwo Predigten bei Gelegenheit der Geburt des Erbprinzen Karl Friedrich von Sachsen-Weimar und Eisenach, gehalten von Joh. Gottfr. Herder. Weimar 1783: Predigt am Dankfest wegen der Geburt des Erbprinzen S. 15. W W. z. Rel. u. Theol. X, 61 (8º). Die Rede erregte wegen der puritanischen Strenge, mit der Herder in erster Linie die Pflege des Volkswohls gefordert, und erst, wenn dieser Pflicht genügt sei, den Cultus des Schönen gestattet hatte, bei Goethe Anstoß. Herder teilte ihm, wie das unter ihnen Sitte war, das Manuscript vor der Veröffentlichung mit. Darauf schreibt ihm Goethe (Der 4 Seiten gr. 4º lange Brief ist ungenau abgedruckt in der Sammlung Aus Herders Nachlaß I, 70—73, ich gebe die Stelle nach dem Original): Nun trete ich bey dem zweyten Punkte mit einer Vorbitte für die schönen Künste auf. Wenn du über die Idee die du hier hin wirfst eine kleine Abhandlung schriebst, oder dich unter guten Freunden darüber herausliesest, wäre es ein anders, hier aber fällt diese Anmerkung wie vom Himmel, weil so viele Zwischen Ideen übersprungen sind. Ich weis wohl daß jeder der für sich und andere zu sorgen hat, wohlthut, sich dem nothwendigen [Aus H. N.: Wohlthätigen!] und nützlichen zu widmen, und daß es gefährlich ist der Leidenschaft zum Schönen zu viel Raum zu geben. [15 Zeilen übergangen:] Mich dünkt man kann nicht bestimmt genug sprechen wenn man vor dem Uebermaas eines Guten, das zum Fehler werden kann, warnen will. Ganz kann es nicht wegbleiben da du dessen einmal erwähnt hast. Wenn ich es zu thun hätte würde ich die roth angestrichne Stelle beym Eingang des Paragraphen weglassen, und gegen das Ende wo ausgeführt ist was thätige Weisheit, geschäftige Klugheit für Vortheile bringen, würde ich hinzusetzen: daß um so viel zu würden keine ausgebreitete todte Gelehrsamkeit nötig sey, und daß selbst schöne Wissenschaften und Künste, die sonst für die größte Zierde der Staaten gehalten, [gestrichen: werden] deren Annehmlichkeiten oft von Fürsten mit zu grofser Vorliebe genossen würden, selbst [gestrichen] dem Regenten keinen so schönen und dauerhaften Kranz knüpften, als eine wahre lebendige auf die ersten Bedürfnisse, auf das nötige und nützliche gerichtete Würcksamkeit!" Das Manuscript der Predigt liegt mir vor; die mit Röthel bezeichneten Zeilen finden sich pag. 9: „Es bedeutet diese Gabe [ein Volk zu regieren und glücklich zu machen] weder eine müßige [zuerst:

unermäßliche] Gelehrsamkeit; noch eine hervorglänzende Kunstkenntniß. Gelehrte Regenten sind selten die glücklichsten gewesen und die Ursachen davon lassen sich leicht finden; auch wäre es [zuerst: ists] nicht eben ein Kennzeichen vom Glück einer Zeit, wenn alle Regenten die Känntniß schöner Künste über alles schätzten [zuerst: Regenten derselben nichts so gern als Kenner der Kunst sein mögen]." Goethes Einsprache fruchtete nichts; die Worte blieben unverändert an ihrer Stelle.

S. 30⁶. Erinnerungen aus dem Leben Joh. Gottfr. v. Herders I, 127 fg. (WW. z. Phil. u. Gesch. Bd. XX. 12⁰).

S. 31⁷. Briefe an Frau von Stein I, 168.

S. 32⁸. „Dem Fürsten Hardenberg zum siebzigsten Geburtstage, 31 Mai 1820" Gedichte II, 441 (Hempel'sche Ausgabe).

S. 32⁹. Das Lied wurde von Herder in den Volksliedern II, Buch 1, gerade vor hundert Jahren also, wieder erweckt, oder wenigstens der Enge seiner provinciellen Existenz entrückt, wie denn Herder überhaupt das Verdienst gebührt, die volksmäßige, und besonders auch die kirchliche Poesie Simon Dachs zu Ehren gebracht zu haben. (Siehe Werke XI, 704⁴) Das Lied von der Treue nahm er aus Heinrich Alberts Liedern Th. II. Nr. 10 auf und empfahl es mit der Bemerkung: „Schon die treuherzige Sprache dieses Dichters verdient Bekanntmachung und Liebe." Bei Herders Nachlaß befindet sich ein Manuscript von Joh. G. Hamann, 24 Seiten 8⁰ eng beschrieben: Geistliche Lieder von Simon Dach. Ein kleiner Kupferstich, Simon Dach darstellend, den Herder jedenfalls schon als Student in Königsberg erworben hat, wird von Herders Verwandten aufbewahrt. Von Herders Frau ist darauf notirt: „Hat der Vater als Dichter und seinen Landsmann sehr hoch gehalten."

S. 33¹⁰. Bundeslied; hier in der jüngeren Gestalt (Gedichte I, 75.) Die Beobachtung von der fortpflanzenden, zeugenden Kraft echter Poesie ist in sinniger Weise zuerst von Herder ausgesprochen (im Vorwort zum zweiten Theil der Volkslieder S. 34) „Ist in einem Liede Weise da, wohlangeklungene und wohlgehaltene lyrische Weise; wäre der Inhalt selbst auch nicht von Belange, das Lied bleibt und wird gesungen. Ueber kurz oder über lang wird statt des schlechtern ein besserer Inhalt genommen und darauf gebauet werden; nur die Seele des Liedes, poetische Tonart, Melodie ist geblieben. Hätte ein Lied von guter Weise einzelne merkliche Fehler: die Fehler verlieren sich, die schlechten Strophen werden nicht mitgesungen; aber der Geist des Liedes, der allein in die Seele wirkt und Gemüther zum Chor regt, dieser Geist ist unsterblich und wirkt weiter." Diese Idee ist bei weitem noch nicht ihrer ganzen Ausgiebigkeit nach verwerthet. Herder kennt bereits 1769/70 ein „Fabel- oder Kinderliedchen" (er scheint es aus Preußen mitgebracht zu haben): „Es sah ein Knab' ein Blütgen stehn; Ein Blütgen auf dem Baume" u. s. w. mit einem lehrhaften Schluß. Auf der lyrischen Seelenwanderung ist die Seele dieses Liedes, wie männiglich bekannt, bald danach in einen anmuthig-zierlichen Leib übergegangen. Wie die Weise, die Strophenform von Christian Günthers entsagendem Abschiedsliede An Leonoren (Gedichte 1735 S. 321) in Bürgers berühmtestem Gedichte wieder auflebt, (wie von dort sogar der Name der Heldin entnommen ist) hat unlängst J. Imelmann nachgewiesen

(Grenzboten 1879, I, 277.) Er hätte seine Entdeckung noch augenscheinlicher machen können, wenn ihm a. a. O. S. 236 das Gedicht aufgefallen wäre An Leonoren bey Absterben ihres Carl Wilhelms, ein Gedicht, das in neun vierzeiligen Strophen im Anfangs-Refrain das Motiv enthält: „Eher todt als ungetreu!"
S. 33[11]. Das Lied „Treue" von Novalis steht in vielen Gesangbüchern (im Berliner G. B. Nr. 557) und es fehlt in keiner guten Sammlung Deutscher Gedichte. In der „Mustersammlung" von Gustav Schwab (in beiderlei Bedeutung gebührt ihr der Name) steht es S. 366. (Fünfte neu vermehrte Aufl. besorgt von Mich. Bernays. Leipzig 1871). Schenkendorf variirt den heiligen Gesang in das Politische. Sein Lied „An Friedrich Ludwig Jahn. Juni 1814." beginnt:

> Wenn alle untreu werden,
> So blieb ich euch doch treu,
> Daß immer noch auf Erden
> Für euch ein Streiter sei.

S. 35[12]. Die Geschichte des Wortes „Deutschheit" habe ich in einer Anmerkung zum ersten Bande von Herders Werken (S. 540) zu geben versucht. Neben dem unedeln Gebrauche des Wortes, von welchem ich dort Beispiele anführe (die Deutsche Plumpheit und Grobheit, die „Deutsche Dumpfheit und Verlegenheit", Briefe zu Bef. d. Hum. 9, 196) kommt zu Anfang des Jahrhunderts allmählich die Verwendung im edeln Sinne auf. Schiller z. B. im Briefe an Körner, Mai 97, IV. 28 spricht von Wielands „Deutschheit im Guten und Bösen." „Diese Deutschheit macht ihn zuweilen zum ächten Dichter, und noch öfters zum alten Weib und zum Philister." An Wilhelm von Humboldt schreibt er in seinem letzten Briefe (2. April 1805) S. 491: „Frau von Stael hat mich bei ihrer Anwesenheit aufs Neue in meiner Deutschheit bestärkt, so lebhaft sie mir auch die vielen Vorzüge ihrer Nation vor der unsrigen fühlbar machte." (vgl. an Körner IV, 353). Die Reaction geht von Klopstock aus, der „Deutsch" als einen Collectivbegriff für „alles was kühn und groß ist" (VI, 314) braucht, und demgemäß auch zuerst Steigerungsgrade einführt. „Sie (Hermanns Schlacht) ist deutscher als unsre berühmtesten Schlachten." (VI, 40 in der Widmung an Joseph II. 1769.) Unmittelbare Einwirkung der Bardensprache ist es also auch, wenn Herder 1772 in einem Briefe an seine Braut den Teutoburger Wald schildert, als die „schönste, kühnste, deutscheste, romantischste Gegend." (Erinnerungen I, 222.) „Die höchsten Hüte" aber, „die stolzesten Pferde, die Deutschesten Sättel" die wir in der Uebersetzung des estnischen „Liedes vom Kriege" (Volkslieder II, Buch 3, 10) finden, hat schon Hupel (Verf. der Topogr. Nachrichten von Liv- und Estland), der das Lied im Urtexte mit Interlinear-Uebersetzung an Herder gesandt hat, auf eigene Hand zu sagen gewagt. Er schrieb mit einem sit venia verbo! die Zeile zu seinem estnischen keigesaksemad saddulad, und setzte dazu „sollen wohl die zierlichsten seyn" (besser wol noch die „herrenmäßigsten, stattlichsten").

S. 36[13]. Sprüche in Prosa, Buch VII, 655. (S. 136 in von Loepers Ausgabe): „Pflicht — wo man liebt" u. s. w.